高校图书馆读者
服务工作拓展与创新

何津洁 ◎ 著

北京工业大学出版社

图书在版编目（CIP）数据

高校图书馆读者服务工作拓展与创新 / 何津洁著．—北京：北京工业大学出版社，2018.12（2021.5 重印）

ISBN 978-7-5639-6524-3

Ⅰ．①高… Ⅱ．①何… Ⅲ．①院校图书馆－图书馆工作－读者服务－研究 Ⅳ．① G258.6

中国版本图书馆 CIP 数据核字（2019）第 020410 号

高校图书馆读者服务工作拓展与创新

著　　者：何津洁
责任编辑：张　贤
封面设计：晟　熙
出版发行：北京工业大学出版社
　　　　　（北京市朝阳区平乐园 100 号　邮编：100124）
　　　　　010-67391722（传真）　　bgdcbs@sina.com
出 版 人：郝　勇
经销单位：全国各地新华书店
承印单位：三河市明华印务有限公司
开　　本：787 毫米 ×1092 毫米　1/16
印　　张：9.5
字　　数：210 千字
版　　次：2018 年 12 月第 1 版
印　　次：2021 年 5 月第 2 次印刷
标准书号：ISBN 978-7-5639-6524-3
定　　价：48.00 元

版权所有　　翻印必究
（如发现印装质量问题，请寄本社发行部调换 010-67391106）

前 言

图书馆是大学标志性建筑，图书馆的藏书、借阅流程与现代化程度，代表着一所大学的办学水平和科研地位。在高校，人们可以从师生使用图书馆的状况初步判断出这所大学的教风、学风和校风。大学生毕业多年后可以淡忘许多事情，但一定对母校的图书馆记忆犹新。优秀的学生群体一定会在图书馆内度过自己的青春岁月，在"泡"图书馆的过程中得到理性的升华和阅读的享受。国内外著名大学一定有同样著名的图书馆，明智的大学校长一定会格外重视图书馆的软硬件建设，重视图书馆藏书的拓展与管理，重视图书馆信息化、现代化建设，重视师生对图书馆建设与管理的评价，从而使图书馆信息量更大，功用更全面，服务范围也更广泛。时代的变迁，社会的进步，信息传播方式的改变以及人们阅读习惯的改变，无形之中弱化了图书馆的作用。新形势下，我们需要结合互联网时代的信息传播与存储方式，更好地发挥图书馆的原有功能，拓展适应新环境的新功能。

本书首先介绍了互联网环境下图书馆服务工作的新要求，对高校图书馆读者服务的理论基础进行了概述；其次梳理了高校图书馆服务工作体系的构建、互联网背景下大数据对高校图书馆的影响以及互联网背景下高校图书馆资讯数字化服务平台建设；最后对互联网背景下高校图书馆服务内容创新进行讨论和探索。本书通过对图书馆发展与创新的深入研究与探讨，围绕高校图书馆建设中的关键技术、服务方式、工作模式等开展研究，不断探索总结现代图书馆建设的新思路、新方法、新经验，有利于高校图书馆的管理创新、服务创新、理论创新，对推动图书馆的建设与发展起到了一定的作用。

另外，作者在撰写本书的过程中参考和借鉴了一些学者的研究成果，在此表示衷心的感谢。由于作者水平有限，书中难免有不足之处，恳请读者批评指正。

作 者
2018 年 10 月

目 录

第一章 图书馆服务工作的新要求 ··· 1
第一节 图书馆的发展渊源 ·· 1
第二节 图书馆文化与价值 ·· 15
第三节 互联网对图书馆的影响 ·· 22
第四节 图书馆创新服务的提出 ·· 26

第二章 高校图书馆读者服务的理论基础 ·· 30
第一节 服务标准理论 ·· 30
第二节 图书馆服务理论 ·· 35
第三节 图书馆标准化理论 ·· 46
第四节 高校图书馆服务标准的理论框架 ·· 49

第三章 高校图书馆服务工作体系的构建 ·· 54
第一节 高校图书馆服务标准的要素 ·· 54
第二节 高校图书馆服务标准的体系结构 ·· 62
第三节 高校图书馆服务标准体系的验证 ·· 65

第四章 互联网背景下大数据对高校图书馆的影响 ································ 72
第一节 互联网背景下大数据对高校图书馆的影响 ································ 72
第二节 互联网背景下大数据对图书馆行业的影响 ································ 89
第三节 互联网背景下大数据时代图书馆学研究 ·································· 92

第五章 互联网背景下高校图书馆资讯数字化服务平台建设 ························ 97
第一节 信息服务建设内容与结构 ·· 97
第二节 数字化服务平台内容及规划 ·· 102
第三节 面向企业的个性化信息服务平台构建 ···································· 105
第四节 数字化服务平台使用的关键技术 ·· 110

第六章 互联网背景下高校图书馆服务内容创新 115

第一节 互联网背景下高校图书馆资源共享服务 115
第二节 互联网背景下高校图书馆检索服务 119
第三节 互联网背景下高校图书馆个性化信息服务 126
第四节 互联网背景下高校图书馆嵌入式服务 131
第五节 互联网背景下高校图书馆知识服务 135
第六节 互联网背景下高校图书馆阅读推广 140

参考文献 144

第一章 图书馆服务工作的新要求

第一节 图书馆的发展渊源

一、图书馆发展历程

图书馆是整理、保存、传播文献并提供使用的科学、文化、教育机构。它的产生和出现是以文字的产生为前提的。在我国，图书馆经历了漫长的"封建藏书楼"时期，发展至今已有数千年的历史。图书馆起源于奴隶社会，成熟于封建社会，当时文献流通量小，重藏轻用，是农业文明的产物。近代图书馆是工业文明的产物，对文献藏用并重。现代图书馆是信息时代的产物，是全面开放的信息系统。未来的图书馆将是无纸社会的产物，是没有围墙的图书馆。图书馆的存在形态必须与社会发展相适应，在社会变革的挑战面前，图书馆只有与时俱进，才能求得生存与发展。

在我国古代封建社会，"图书馆"主要是典籍收藏的一个场所。封建社会的藏书楼是从战国开始直至清代末叶，中国长期的封建社会中央集权制的巩固，促进了官府藏书体系的形成、发展和兴盛。人们写书的盛行和印刷术的推广，学术文化的繁荣，促使私家藏书连绵不绝。宗教的传播，为佛寺、道观藏书提供了有利条件。书院的创立和发展，有效促进了书院藏书系统的建立。

我国古代的图书馆大体可以分为四个体系，分别是官府藏书、书院藏书、私人藏书和寺观藏书。用于收藏典籍的图书馆几乎贯穿着整个封建社会的发展历程。它的主要特点是以藏为主，图书馆文献仅被少数人使用，所以人们普遍称这个时期的图书馆为藏书楼。可见古代图书馆是以收藏和保存图书为主，基本上属于宫廷和神学的附属品。

根据文献和考古来看，我国的官方藏书早在夏朝就已出现。关于图书的起源，《易·系辞上》说："河出图，洛出书。"可见在周代以前就有了藏书之举。商王朝从商汤开始就有典籍记载了推翻夏王朝的历史，并设有史官负责收藏商王的言行、前朝的文献和刻辞甲骨。其中刻辞甲骨是我们现在所见最丰富的原始文献，主要有干支表、记事刻辞和卜辞。《甲骨卜辞》更被视为一部编年体的商代百科全书，记载占卜与应验情况，是统治者寻求神权统治的依据，文献多贮藏于宗庙"龟室"中。

我国图书馆起源于周朝，周代除王室有收藏文献的库室外，各诸侯国也有本国的文献库室。另外，周朝还设有专门收藏典籍的机构"盟府"，并配下史一职进行管理。

《史记》记载，老子曾任周朝的"收藏室之史"。班固在《汉书·艺文志》也说，老子做柱下史，博览古今典籍。随后，从春秋到战国，我国由奴隶社会向封建社会过渡。由于"士"阶层的出现和壮大，出现了中国历史上第一个文化大发展、学术大繁荣的时期：诸子蜂起，百家争鸣。同时社会上开始流行以竹木和绵帛为载体的文献，更加方便了社会信息的记载和传播。藏书行业也由官府著述、垄断藏书发展到公私并存，官府与知识分子俱有。当时出现了许多著名的藏书家，如孔子、老子、墨子、庄子、荀子、韩非子等。他们收藏书籍用于著书立说，于是就有了私家藏书这种新形式。秦始皇统一中国后，已经有大量藏书，又将周朝与诸侯六国的藏书集中起来，使秦朝藏书大大增加。但战国时期的语言文字多是"言语异声，文字异形"，并且没有文献记载秦始皇进行过有目的地整理。而是采纳了李斯的建议，颁布了"挟书律"，推行愚民政策，焚毁民间藏书，于是一场规模空前的"焚书"活动开始了，许多重要的先秦文献古籍付之一炬。民间藏书保留三种：一是记载秦国历史的秦记；二是由于职务需要，秦国个人自藏的书籍；三是官府所藏的医药、卜筮、种树之书。但到秦末，西楚霸王项羽入关火焚秦官，秦代官府藏书也损失重大。秦始皇焚书坑儒，使藏书遭到一次毁灭性的破坏。西汉王朝建立后，实施扶植文化的措施，并用法规的形式加以确定，完成了向封建大帝国的转型。西汉初，相国萧何在未央宫正殿北面盖了三座藏书阁，其中石渠阁和天禄阁后来成了皇家藏书馆的别称。汉武帝时，开始在全国征集图书，广开献书之路，同时组织人员抄写，制作出标准本收藏，在宫内建立了颇具规模的收藏图书的馆舍，"建藏书之策，置写书之官，下等诸子传说，皆充秘府。"其中"秘府"又称"秘阁"，就是皇家藏书馆的名称。到了东汉有了专门的"书市"，人们能够方便地买到要看的书籍。汉代的刘向、刘歆父子更是以藏书、校书显世。中国古代藏书行业从此走上了持续发展的历史轨道。

秦汉以后，图书馆工作逐渐与档案管理和史官职责相分离，开始走上独立发展的道路。汉代造纸术的发明与改进，为纸质文献的产生提供了条件。

竹木简是秦汉时期最主要的书写材料，其将字刻在竹或者木削后的片上。竹木简最大的缺点就是比较重，刻字很麻烦。根据史料记载，秦朝时期，秦始皇每天批阅奏章就达到100多斤。竹木简的长度不一，用途也各有不同。长的木简一般是用来书写国家的法律法规，抄写各种经书。由于其较长的特点，因此被称为"大册"或者是"典"。而短的木简则用来写传记等，字数多少没有定数，少的可以一两个，多的有几十个。秦朝时期对简的长度相比于汉朝较严格。

帛书出现时间相对竹木简晚，但是在使用时间上却是同时的。帛相比竹木简最大的优点是书写简单，重量轻。但是由于帛比较贵重，因此在秦汉时期，帛书和竹木简并行使用，帛书并没有代替竹木简。帛书的长短是比较随意的，可以根据内容大小随意改变。

秦汉时期出现了石刻文字，石鼓文发起，使得秦汉时期的石刻比较兴盛。秦始皇巡游时，经常在石头上刻字，当年的琅琊山石刻依然存在。而汉朝时期的石刻最早兴起于鲁孝王的"五凤石刻"。其后逐渐出现了石碑刻字，用来颂扬死去的人，或者用来赞扬某大型劳动工程。直到东汉灵帝时期，石刻书籍出现，它是书法家把经书抄写在石碑上，这种工作主要由专门的木匠完成。石刻书籍促进了雕刻印刷术的产生。

西汉以前的帛书和竹木简都存在各种缺点，直到西汉宣帝时期，发明了麻纸。此时的麻纸比较粗糙。东汉中期蔡伦发明了蔡侯纸，促进了我国造纸术的产生。蔡侯纸价格低，容易书写，作为我国四大发明之一的造纸术的产生，促进了人类文明的发展。

三国魏晋南北朝由于战争频繁，无论是各国的官府藏书，还是私人藏书，都历经几度积累、破坏和恢复，但图书馆总体仍呈现上升的趋势。隋唐之际，魏征、虞世南、颜师古相继出任秘书省官员，广购天下图书，并选拔书法好的人抄书，然后收藏于秘书省内。唐玄宗也特地修建书院，专门抄校书籍。同时还聘用女子管理员，在长安就抄写了 5 100 多卷书，并且把这些书装饰得非常考究：玉轴牙签，肖锦飘带，不同种类着不同颜色。

宋代太宗建立崇文院，专门作为藏书之地，后来又另设书库，叫秘书阁。当时宋代著名的个人藏书家宋敏求藏书三万卷，让别人借阅，与现在的阅览室差不多。

元朝专门收藏书籍的图书馆，先有宏文院，后有艺林库。至明清两代，国家藏书得到空前发展，明朝宫廷建有文渊阁。我国最大的类书，世界上第一部大百科全书——《永乐大典》在明迁都北京时搬到此处。

清朝的藏书处所之多，拥有图书之丰富，都远远超过以往任何朝代。有名的国家图书机构，北京有文渊阁，承德有文津阁，沈阳有文溯阁，镇江有文宗阁，扬州有文汇阁，杭州有文澜阁等。《四库全书》被抄写成七份，分别收藏在这些阁中。我国古代的图书馆，大都用亭、台、楼、阁、斋、堂、轩、居、室、庵之类作为名称，其中尤以阁、室、院、馆为多。不过，这些藏书并不会对外公开，一般的老百姓是读不到的。

当然，这些所有的图书馆具有浓厚的封建社会氛围，就算是较为发达的明清两代，其图书馆的主要功能仍是进行典籍收藏，而且功能性、目的性单一，与近现代的图书馆大相径庭，完全是两个概念。

二、我国和世界现代图书馆的发展历程

中华人民共和国成立后至今，中国图书馆行业的发展进入了一个新阶段。现代图书馆的现代技术广泛应用于图书馆各方面的工作。现代技术主要是指第二次世界大战以后出现的各种新技术，它和图书馆工作结合后，使图书馆工作发生了深刻的变化，图书馆行业从而进入一个新的发展阶段——现代化图书馆阶段。

（一）现代图书馆的发展阶段

现代图书馆行业发展可概括为以下四个阶段：

1. 新中国成立初期的第一阶段（1949—1953 年）

在新中国成立之初，政府除继续巩固、发展老解放区图书馆外，接管了国民党政府遗留下来的各级图书馆并大力进行改造：确立了以马克思列宁主义、毛泽东思想为指导的原则；调整藏书成分，补充马克思列宁经典著作和进步书刊；对旧有藏书严格审查，剔除反动、淫秽、荒诞书刊；积极开展图书流通工作，完善工作环节，使馆藏被人们所用；改革不合理的规章制度，整顿干部队伍；在北京大学、武汉大学和西南师范学院建立图书馆学专修科，培养人才。经过几年努力，我国图书馆面目一新，成为传播马克思列宁主义、毛泽东思想和学习科学文化的重要设施。这时的现代图书馆虽然技术相对落后，但是功能完善，相对于共产党，乃至社会各界，无疑有重大的意义。

2. 图书馆行业逐渐发展的第二阶段（1954—1965 年）

在这一阶段，为发展图书馆行业，1955 年 7 月，文化和旅游部发布了《关于加强与改进公共图书馆工作》的指示；1955 年 8 月，中华全国总工会发布了《关于工会图书馆工作的规定》《关于清理工会图书馆藏书的决定》；1956 年 7 月，文化和旅游部社会文化事业管理局向全国图书馆工作会议提出《明确图书馆的方针和任务为大力配合向科学进军而奋斗》的报告；1956 年 12 月，高等教育部颁布了《中华人民共和国高等学校图书馆试行条例（草案）》；1957 年 9 月 6 日，国务院全体会议批准了《全国图书协调方案》；1962 年 12 月，中华人民共和国科学技术委员会和中华人民共和国文化和旅游部拟订了《1963—1972 年科学技术发展规划（草案）》图书部分等，对加速图书馆行业的建设起了重要作用。

公共图书馆除通过文献流通向人们广泛传播马克思列宁主义、毛泽东思想，进行文化教育工作外，还明确提出了要为科学研究服务。加强基础工作，清理积压图书，补充馆藏，进行集中编目，编制联合目录，改进目录组织，完善规章制度等。在北京、上海建立全国性中心图书馆委员会，在天津、哈尔滨、沈阳、兰州、西安、成都、南京、武汉、广州等地建立地区性中心图书馆委员会，以促进全国图书馆馆际协作。聘请苏联图书馆学专家来华讲学，组织翻译苏联图书馆学著作，学习列宁关于图书馆行业的理论和苏联图书馆的实践经验。

1956 年，改北京大学和武汉大学的图书馆学专修科为四年制的图书馆学系，并在各系统图书馆广泛举办业余学校和培训班，培训在职干部。各种类型图书馆得到较大发展。1949 年，全国县级以上公共图书馆有 55 所，至 1965 年发展到 573 所；高等学校图书馆由 1949 年底的 132 所发展到 1965 年的 434 所；工会图书馆由 1949 年底的 44 所发展到 1963 年的 43 546 所。在边远地区和少数民族地区也建立了一批新馆，采取馆内、外结合的办法，积极主动地开展多种形式的服务。开展图书馆学的研究，加强对基层图书馆的业务辅导。

3. 图书馆事业缓慢发展的第三阶段（1966—1976 年）

这一阶段许多图书馆被迫长期关闭，图书馆数量开始减少，县以上公共图书馆由 1965 年的 573 所减为 1970 年的 323 所，高等学校图书馆由 1965 年的 434 所减为 1971 年的328所，工会及中小学图书馆（室）大多被迫闭馆，大量书刊散失。1966—1971年高校图书馆学专业停止招生，恢复招生后又把学制缩为两年，教育质量急剧下降。

4. 改革开放后的第四阶段（1976年至今）

1976年是中国历史上相当重要的一年。在这一年，各行各业逐渐恢复了活力，图书馆行业在这时候迎来了巨大的发展机会。

1977年8月，在大庆、哈尔滨召开文物、博物馆、图书馆工作座谈会；1978年4月24日，国务院批转国家文物事业管理局《关于图书开放问题的报告》；1978年8月，教育部下发了《关于加强高等学校图书资料工作的意见》的通知；1978年11月13日，国家文物事业管理局颁布了《省、市、自治区图书馆工作条例》（试行草案）；1978年12月，中国科学院颁布了《中国科学院图书情报工作暂行条例》（试行草案）等，进一步明确了各系统图书馆的方针和任务。

1980年5月，中共中央书记处专门听取了关于图书馆问题的汇报，通过了《图书馆工作汇报提纲》并决定在文化和旅游部设图书馆行业管理局，管理全国图书馆行业。1982年11月，在国家"第六个五年计划"中提出了"基本上实现县县有图书馆"的要求等。这些文件对推动中国图书馆行业的全面发展起了重要的作用。1985年7月17~23日，中共中央宣传部和文化和旅游部在北京联合召开全国图书馆工作会议，回顾了中国图书馆行业的发展历程，讨论了文化和旅游部提出的《关于改进和加强图书馆工作的报告》。1987年8月，国务院和中共中央领导同志同意将《关于改进和加强图书馆工作的报告》由中共中央宣传部、文化和旅游部、国家教委、中国科学院印发全国执行。

各种类型的图书馆得到了迅速发展。到1987年底，县以上公共图书馆已达2 440所，高等学校图书馆1 158所，专业图书馆4 500所（其中中国科学院系统图书馆140所），工会图书馆（室）24.6万所，军队图书馆32 264所。

图书馆的馆舍得到改善，新技术开始被采用。1978—1988年，各类型图书馆的馆舍有不少进行了改建、扩建和新建。国家列入重点工程的北京图书馆于1987年10月竣工，建筑面积14万平方米，可容纳2 000万册藏书，有3 000个座位。到1988年，省级以上公共图书馆及一些高校图书馆都有了静电复印机，其中一部分馆还有了缩微摄影机、拷贝机、阅读机、计算机、视听设备和防火防盗设备等。据不完全统计，到1987年，仅全国普通高等学校图书馆已拥有计算机505台，不少图书馆在外借、检索、编目、采访等方面使用了计算机；全国高等学校已建立数据库77个，开发软件131个，终端331台，有的还设置了国际联机终端，开展国际联机检索服务。

20世纪80年代各系统图书馆在基础工作、服务方式、服务质量等方面都有了改进。如各级公共图书馆分别制订了工作条例，整顿了藏书和目录，普遍实行部分开架阅览，延长了开馆时间；高等学校图书馆逐渐重视藏书质量，清理积压图书，剔除陈旧书刊，建立健全各项规章制度；科学和专业图书馆普遍重视对文献资源的开发，提高加工速度和质量，为科研工作提供理论支持等。各图书馆普遍进行改革，实行馆长负责制、岗位责任制和职务聘任制等。图书馆的正规学校教育和在职教育得到了较大的发展,广泛开展学术研究和国际交流。

20世纪80年代中期以后,受国内外书刊价格上涨因素的影响,图书馆界普遍面临经费不足、文献购置量下降等问题。各图书馆除要求增加文献购置费用外,还加强了协调合作(尤其在文献采集方面),更加注重地区的、系统的和全国的整体化文献资源建设。管理体制中各类型图书馆由于隶属部门不同,自然地形成了几个系统,分别由相应部门领导和管理。公共图书馆由中华人民共和国文化和旅游部及各地的文化行政机关管理;高等学校图书馆由国家教育委员会、有关部(委、局)和各省(市)教育厅(局)以及所在学校分别管理;专业图书馆由各部(委)和各地有关部门管理;工会图书馆由中华全国总工会及其所属各级工会管理;中小学图书馆由各地教育机构及所在学校管理等。各类型图书馆间的联系与协作,1966年以前根据1957年6月国务院批准的《全国图书协调方案》,由国家科委下属的图书组负责;1987年以后由教育部图书情报工作协调委员会负责。中国的国家图书馆是北京图书馆,其前身是清末筹建的京师图书馆,1982年起正式接待读者。1987年10月开放的新馆舍在北京西郊白石桥路紫竹院公园北侧,并在文津街设有分馆。

(二)公共图书馆

公共图书馆的兴起是图书馆行业进入现代化的一个重要基础。公共图书馆是为市民服务的图书馆,一般由政府税收来支持。与专业图书馆不同,公共图书馆的服务对象可以从儿童到成人,即所有的普通居民,提供非专业的图书(包括通俗读物、期刊和参考书籍)、公共信息、互联网的连接及图书馆教育。这类的图书馆也会收集与当地地方特色有关的书籍和资讯,并提供社区活动的场所。

1. 公共图书馆的区域划分

中国公共图书馆一般按照行政区域设置。包括:国家图书馆(北京图书馆),省、直辖市、自治区图书馆,地、市图书馆,县(旗、区)图书馆,农村乡镇和城市街道图书馆(室)等。到1987年底,共有县级以上公共图书馆2 440所,藏书2.7亿册,全年接待读者1.16亿人次,借阅书刊1.73亿册次;农村乡镇和城市街道图书馆(室)一般由乡镇街道举办或民办公助,到1987年底共有5.3万多个,每个馆(室)的藏书从1 000册到几万册不等。此外,全国县级以上(含县级)少年儿童图书馆有50多所;在县级以上(含县级)公共图书馆内设有儿童阅览室的有1 100多个。

中国的高等学校图书馆包括大学、学院及高等专科学校图书馆。它又分为普通高等学校图书馆和军队高等学校图书馆。中华人民共和国成立初期,全国只有132所普通高等学校图书馆,馆藏总数794万册。随着教育事业的恢复和发展,1989年全国有普通高等学校图书馆1 075所,藏书3.82亿册,工作人员4.64万人(其中,资料室工作人员为1万人),馆舍面积411万平方米。藏书在300万册以上的有:北京大学图书馆和复旦大学图书馆;藏书在200万册以上的有:中山大学、南京大学、中国人民大学、武汉大学、清华大学、上海交通大学、北京师范大学、华东师范大学等大学的图书馆。

1986年底，全国有军队高校图书馆105所，藏书1 900万册，工作人员1 679人，馆舍面积288 975平方米，其中较著名的有国防大学图书馆、国防科技大学图书馆、空军政治学院图书馆等。

2. 公共图书馆的特点

公共图书馆内收藏学科广泛，读者众多。由国家中央或地方政府管理、资助和支持的、免费为社会公众服务的图书馆，可以是为一般群众服务，也可以是为某一特定读者如儿童、工人、农民等服务。它是人类社会文明发展的产物，其主要特征是：

①开放性。公共图书馆是由国家政府所创建的，是一项利国利民的公益事业，向所有居民开放。

②免费性。公共图书馆的所有经费来源于地方行政机构的税收，对广大读者是免费开放的，不收取任何费用。

③合法性。公共图书馆的设立和经营必须有法律依据。公共图书馆的发展对我们国家图书馆行业的发展起到巨大的推进作用，对我们国家文化素质普及教育也有着重大的促进作用。公共图书馆的发展，体现了政府对文化教育的重视，是政府为广大读者提供的文化福利。

（三）专业图书馆

专业图书馆主要包括研究机构、厂矿、机关和社会团体的图书馆。它们通常只收藏本专业或与本单位业务有关的图书，专业性强。在我国，这种类型的图书馆数量较多。据不完全统计，到1987年底，全国有专门图书馆4 500所。中国的专门图书馆主要有下列几种类型：

1. 研究机构图书馆

研究机构图书馆可分为一般科研系统图书馆和国防科研系统图书馆。随着科学技术的发展，这类图书馆发展较快，有些已在本系统内形成具有全国规模的专业图书馆网。如中国科学院、中国农业科学院、中国医学科学院、中医研究院等研究机构的图书馆（有的称"文献情报中心""文献信息中心"等）都形成了网络。其中，中国科学院系统的图书馆1949年为17所，藏书63万多册；到1990年底，已发展到143所，藏书3 000多万册（件）。中国农业科学院系统图书馆到1986年底，已有14个省、市、自治区的院属所、社中心图书馆（室）34个，藏书达160万册，工作人员247人。国防科研系统图书馆有1 500个，各馆的藏书量从几千到几十万不等，该系统的主要图书馆有国防科技信息中心资料馆（成立于1959年，1987年藏书202万册）、军事科学院军事图书馆（成立于1948年，1987年藏书184万册）、军事医学科学院图书馆（成立于1951年，1987年藏书47万册）等。

2. 厂矿图书馆

这类图书馆有着鲜明的时代特色，这是在当时刚刚改革开放，事业刚刚起步阶段的图书馆。由于技术的局限性，当时的厂矿图书馆在现在看来，水平较低，但是在当时，这类图书馆却为厂矿发挥了重大的作用。这类图书馆主要为本部门生产科研服务。较为著名的有鞍山钢铁公司技术图书馆、上海宝山钢铁公司图书馆等。

3．中共中央及国家机关图书馆

这类图书馆是共产党领导下的国家机关级图书馆，馆内主要以专业性的理论知识书籍为主，功能单一，专业性较强。比较著名的如中共中央马恩列斯著作编译局图书馆、中共中央文献研究室图书馆、中共中央宣传部图书馆、外交部图书馆、地质矿产部图书馆、铁道部图书馆等，它们的藏书都在10万册以上。

4．社会团体图书馆

社会团队图书馆指一些社会团体主办的图书馆，服务对象比较广泛，比较知名的如中国科学技术协会图书馆、中国佛教协会图书馆等。

5．企事业单位图书馆

这类图书馆因事业单位的特色性，藏书非常丰富，且质量很高。如人民日报社图书馆、《求是》杂志社图书馆、人民出版社图书馆、中华书局图书馆、商务印书馆图书馆、中国历史博物馆图书馆、故宫博物院图书馆等，藏书都比较丰富。

6．工会图书馆

中国的工会图书馆包括全国总工会及其所属各级工会的图书馆（室）以及厂矿、企业的工会图书馆（室）等。中华人民共和国成立初期，全国只有工会图书馆（室）44所。1963年发展到43 546所。到1988年底，全国的工会图书馆（室）已达246 901所，藏书达54 341万册，专职工作人员达92 875人。工会图书馆中藏书比较丰富的有中华全国总工会图书馆、上海市工人文化宫图书馆、北京市劳动人民文化宫图书馆、重庆钢铁公司工会俱乐部图书馆等。

7．军队图书馆

军队图书馆是为中国人民解放军干部和战士服务的文化设施，分别设在军区、集团军、师、团和连队。据不完全统计，到1987年底全军已建立图书馆（室）32 264个，藏书达1 864.3万册，其中团级部队图书馆2 997个，平均每馆藏书3 000册；连队图书馆（室）29 267个，平均每馆藏书350册。其中藏书较多的有原广州军区俱乐部图书馆、海军俱乐部图书馆、原沈阳军区俱乐部图书馆等。

8．中小学图书馆

中华人民共和国成立后，一些有条件的中小学陆续建立了图书馆（室）。但各地发展很不平衡，据国家教育委员会对北京、成都、上海、深圳等地抽样调查，1987年中学设有图书馆（室）的占70%，各馆藏书平均1.35万册，每馆有管理人员2.5人；小学设有图书馆（室）的占40%，每馆藏书平均3 100多册，专职管理人员0.5人。其中，天津南开中学图书馆、北京第四中学图书馆、内蒙古师大附中图书馆、华南师大附中图书馆、上海大同中学图书馆等藏书都在7万册以上；北京市第一实验小学图书馆、辽宁省实验小学图书馆等藏书都超过1万册。

(四)智能图书馆

智能图书馆常见于学校、社区、科研中心,方便人们查阅资料,扩充知识面。因为传统设计的图书馆,有着一定的缺陷。比如,要借的图书不在指定的书架上;借还书耗费时间长;图书类别多,管理烦琐等。随着物联网技术的发展,智能图书馆的技术、组成,将新时期图书馆的特点充分地展现出来。

1. 智能图书馆的概念

智能图书馆亦称为智慧图书馆,是把智能技术运用在图书馆建设之中形成的一种现代化建筑,是智能建筑与高度自动化管理的数字图书馆的有机结合和创新,是在二者共同发展的基础上产生的,应同时具备两者的设计思想、基本要求、特征和功能。智慧图书馆＝图书馆＋物联网＋云计算＋智慧化设备,它通过物联网来实现智慧化的服务和管理。本文认为智能图书馆是利用物联网等感知技术让图书馆的建筑环境、设备资产、文献资源以及读者等主要构成因素能够"说话",即能够实时主动地获取相关感知数据。并在对感知数据分析和处理的基础之上,为图书馆工作人员提供一个智能化的管理平台,为读者提供一个无处不在的智能化的服务环境。

传统图书馆的图书管理大多采用二维码技术,需要人工扫描、分类、盘点,消耗了大量的人力资源。为了提高工作效率、降低资源损耗,以物联网技术为基础的智能图书管理技术应运而生。感知人员、感知环境、感知图书是智能图书馆的三个最基本的要素,与传统的图书管理相比,智能图书管理最大限度地节约了人力资源,使图书管理更加智能化,并可对环境因素做出及时判断与反映,大大提高了安全系数。

近年来中国智能图书馆建设逐步发展,2011年中央财政将新增经费18亿元投入公共图书馆等领域的建设,然而我国现有的图书馆建设还存在诸多问题,与国外图书馆建设相比较,还有一定的差距。例如,不能实现自助借还书业务、不能实时预警监控、图书馆人性化服务水平和图书流通效率普遍较低。

2. 物联网在图书馆中的应用

物联网技术虽然是最近几年才诞生并发展起来的新兴技术,但是由于备受学术界和工业界的重视,因此在较短时间内,物联网已在多个行业和领域中得到了广泛应用。其中应用最为广泛的主要是在工业自动控制、智能家电、智能交通、智能物流等领域。以工业领域的智能控制系统为例,应用物联网技术之后,相对于传统的控制领域,最本质的区别是在信息采集部分,由传统的单个信息采集点演变为由大量传感器节点所组成的网络来实现信息的采集。另外一个特点是,每个传感器节点都具有一定的信息处理和传输能力,各个传感器节点所采集的信息,可以通过相互之间的信息交流实现信息的预处理和信息汇总功能。

物联网是将各种信息传感设备,如射频识别装置、红外感应器、全球定位系统、激光扫描器等多种装置与互联网结合起来而形成的一个巨大网络。物联网不仅创新了图书馆自动化管理模式，而且还实现了图书馆与读者互动的人性化服务，提高了图书管理员的工作效率，加强了图书藏、借、阅一体化的功能，增强了图书馆的安全性、准确性、可靠性和扩展性，具有良好的发展前景。物联网实现了用户间的通信、用户与图书馆间的通信、用户与信息资源的通信以及信息资源间的通信。

物联网技术在当今图书馆领域的应用同样受到人们的重点关注，并陆续进行了一些相关研究。由于图书馆主要是以图书资源和读者信息为管理对象，更多时候它们呈现出的是一种静态的、被动的传统特性。而物联网技术的核心思想是将物理世界与信息世界联系在一起，形成一个有机的整体。因此，就应用背景和需求条件而言，将物联网技术应用到图书馆领域是一个很好地结合思路。

（五）图书馆服务的发展历程

图书馆服务经历了从封闭到开放，从仅提供一次文献到兼提供二、三次文献服务的漫长历史过程。人们对图书馆服务的认识也是逐步提高的。在西方，图书馆服务可以远溯到公元前6世纪到公元前5世纪。在雅典出土的古希腊一个图书馆的墙壁上曾发现刻有"不得将图书携出馆外"的阅览规则。但在印刷术发明前的很多世纪，藏书只能被少数人拥有和使用，且多限于馆内阅览。到中世纪初、中期，在修道院基础上发展起来的大学图书馆已开始重视借阅工作，但那些稀有珍贵的书籍仍被金属链锁住，以防读者携出馆外。17世纪，德国图书馆学家诺德提出图书馆不应只为特权阶层服务，应该向"一切愿意来图书馆学习的人开放"，服务时间也相应地延长，诺德主持的马萨林图书馆从1645年起每周开放一次，1648年以后每日开放。而在同一时期，把图书馆喻为"人类百科全书""一切科学宝库"的另一位德国图书馆学者莱布尼茨认为，"图书馆头等重要的义务是想方设法让读者利用馆藏，配备完整的目录，延长开放时间，不要对出借图书规定太多的限制"。1735年，法国皇家图书馆开始向民众开放。受莱布尼茨思想的影响，1752年格丁根大学明文规定，除星期日外每天开放10小时，读者可以自由地使用馆藏。

19世纪上半叶，美国出现了指导读者更合理使用图书馆的业务。1894年，美国丹佛公共图书馆率先开辟了儿童阅览室。20世纪初，美国出现了农村图书馆和流动书库，英国则开始使用流动书库并开展邮寄借书，许多国家的大型公共图书馆和大学图书馆都设立不同学科的参考咨询、文献检索部门，配备学识渊博的专家指导阅览，开展参考咨询和情报检索等工作，许多公共图书馆还设立讲演厅、展览厅、电影放映室和出借唱片等音像制品。针对图书馆服务问题，许多著名科学家、思想家发表了精辟论述，对图书馆服务工作的发展起了良好的指导、促进作用。例如，美国图书馆学家杜威在长期寻求把书和人联系起来的最有效的方式的基础上，提出任何图书馆都应向读者提供情报，解答咨询。列宁说过："值得公共图书馆骄傲和引以为荣的，并不在于它拥有多少珍本书，有多少16世纪的版本或10世纪的手稿，而在于如何使图书在人们中间广泛地流传，吸引了多少读者，如何迅速地满足读者对图书的一切要求，有多少图书被读者带回家去，有多少儿童来阅读和利用图书馆。"(引自《列宁论图书馆工作》)。

第二次世界大战以后，由于图书馆行业的发展，图书馆服务的内容和方式日益多样化，影响越来越大，一些国家开始制订图书馆服务方面的法律、法规。其中，具有代表性、影响较大的是美国国会于1956年制订的《图书馆服务法》（1964年发展成《图书馆服务与建设法》）。这类法规对于促进图书馆服务逐步走向法制化、科学化和现代化，更好地搜集、整理、保存和提供人类已有知识发挥了重要作用。20世纪中期以后，许多国家开始努力实现图书馆资源共享，广泛开展馆际协作，向各类型读者提供深入、系统、便捷的文献和情报服务。

图书馆其实早在公元前4世纪就已经出现。亚述巴尼拔图书馆是世界上最早并且保存最完整的图书馆。我国作为有着五千年历史的文明古国，图书馆也历史悠久，只是在我国古代不叫"图书馆"，而是称作"阁""院""斋""堂"等。之所以会这么早出现图书馆，这跟图书馆本身的职能是分不开的。图书馆是收集文献、资料、信息的地方，用来供人们查阅、参考资料的机构。图书馆在人类文化发展上起着非常重要的作用。每一次文化的变革，思想的进步，图书馆都承载了记录其历程的使命。同时，从古代到现代图书馆的发展及变化也能够从侧面反映出文化发展对图书馆的影响。

图书馆发展至今，已经成为我们生活中不可或缺的一部分。现在，图书馆不仅仅只是一个机构，还由此产生了一门学科——图书馆学。图书馆的发展与图书馆学的发展有着重要的联系。

图书馆学，是研究图书馆的发生发展、组织管理以及图书馆工作规律的科学。其目的是总结图书馆工作和图书馆行业的实践经验，建立科学的图书馆学的理论体系，以推动图书馆行业的发展，提高图书馆在人类社会进步中的地位和作用。目前，图书馆学还是一门新兴学科，正在不断发展中，有着很好的发展前景。

图书馆学的研究发展是从近代开始的，其间经历了漫长的发展时期。最著名的图书馆学家就是美国的约翰·杜威。他是19世纪后期最伟大的图书馆学家，是图书馆学的集大成者。杜威，生于1851年，21岁在阿默斯特学院图书馆当学生助理。在那里，杜威创立了《杜威十进分类法》（简称DDC）。DDC是杜威1873年创立的，1876年正式出版。DDC创立的标记符号制度以简明的方式改变了图书馆的目录排列和图书排架的制度，使图书馆的知识组织现代化，有效地提高了图书馆的工作效率。由于DDC的简明性与科学性，DDC已经成为被世界上使用最多的图书馆分类法，已被135个国家的图书馆使用。不仅如此，杜威还在1876年发起了费城的首届图书馆员大会。该大会是世界上第一个图书馆协会——美国图书馆协会（ALA）的前身。杜威担任过美国第一个现代大学图书馆——美国哥伦比亚大学图书馆馆长，美国第一流的州立公共图书馆——纽约图书馆的馆长。他还创办了世界上第一个正规的图书馆学教育机构——哥伦比亚大学图书馆管理学校。

在理论价值取向方面，杜威倡导的图书馆学十分注重理论的实用性。他的图书馆思想广泛传播，鼓励图书馆工作人员着眼于实际工作，多做有益于读者的事情，从而推动了图书馆学实践的发展。但同时，这一思想也禁锢了人们的思想，阻碍了图书馆学的科学化进程。

紧接着，在20世纪中期，迎来了图书馆学的理性主义思潮。这一时期涌现出的思潮和图书馆学家对杜威的经验图书馆学提出了极大的挑战。

1928年芝加哥大学成立了一所具有博士学位的图书馆学院（简称GLS）。从GLS成立到1942年为止，GLS是美国唯一具有博士课程的图书馆学校。GLS的学风和理论追求影响了整整一代图书馆学家。GLS成立后，该校师生致力于发展具有高度理性的图书馆学知识体系。他们从历史、文化和社会的角度思考图书馆活动的哲学问题，同时也以社会科学中流行的实证方法或思辨方法研究图书馆基础理论。这一具有鲜明学术特色的学术群体，被后人称为"芝加哥学派"。提到该学派，便不能不介绍巴特勒。巴特勒是芝加哥大学GLS最早引进的具有社会科学背景的四位教师之一。他最具代表性的著作是1933年出版的《图书馆学导论》。巴特勒对图书馆学的研究方法基本上是社会科学的方法，他抓住图书馆作为社会的一种现象来研究，而正是凭借这些与杜威完全不同的理论主张，他在学院派图书馆学中赢得了巨大的声望。

在20世纪40至60年代，虽然没有出现许多激烈的理论争议，但却是公共图书馆发展的重要时期。这一时期有许多图书馆学家提出了自己关于公共图书馆的伟大设想以及出版著作。1949年，联合国教科文组织通过了《联合国教科文组织公共图书馆宣言》，这是图书馆行业史上重要的事件之一。它是图书馆行业在世界范围内发展成为一种社会事业的标志，使图书馆活动成为国家民主化建设中的一个重要组成部分。这一宣言不但阐明了公共图书馆由公共资金支持、以同样条件对社区所有人免费开放、承担社会教育职能等早期形成的公共图书馆理念，而且很好地解释了公共图书馆平民化的基本原因。

随着科技的不断发展，图书馆的发展受到了信息技术的冲击。在20世纪60至90年代，以计算机技术为核心的信息技术，真正应用到了图书馆领域，并给图书馆学带来许多积极的影响。

在现代图书馆业务活动中，编目工作是图书馆中花费时间最长的工作之一。由于同一种文献常常由不同的馆重复收藏，因而各馆需要对同一文献重复编目。计算机出现后，图书馆界希望利用这一先进的信息技术，把书目数据变成机读形式，并通过机读目录的发行，实现编目资源的共享。因此，编目成了图书馆自动化最早涉及的领域之一。

1966年，美国国会图书馆开始实施机读目录（简称MARC）试验计划，吸引了16个图书馆参加，制定了MARCI格式。1968年开始正式实施MARC计划，20世纪70年代国际图书馆协会和机构联合会开发了通用的MARC格式，进一步推动了国际间的合作及各种MARC格式间的数据转换工作。之后又出现了更为先进的联机图书馆中心（OCLC）以及联机公共检索目录（OPAC），对图书馆编目工作起到了至关重要的作用。

中国的图书馆历史悠久，源远流长。但由于长期受封建社会制度的制约，"保存藏书"一直是其主要功能，很少对外开放服务。曹溶曾在其所著《流通古书约》一书中，提倡用传抄和刊刻方法扩大藏书的流通和传播范围。清代周永年的籍书园和国英的共读楼等私人藏书楼曾准许少量读者定期入内阅览，但影响都不大。真正向人们开放、服务的是1904年的浙江古越藏书楼和在此前后的一些省立公共图书馆。辛亥革命以后，中国图书馆的服务对象逐渐扩大，如京师通俗图书馆设置新闻阅览室、儿童阅览室，并在一些县设立巡行文库。1919年"五四运动"前后，李大钊（当时任北京大学图书部主任）强调图书馆的教育职能，提出公共图书馆应向工人、市民开放，实行开架阅览。杜定友、刘国钧等人也主张图书馆为民众服务，要用各种方法吸引读者，并辅导他们自学。李小缘强调图书馆应发挥"消息总机关"的作用，向社会提供咨询服务。中华人民共和国成立后，公共图书馆、高等学校图书馆、科学技术图书馆等各类型图书馆分别根据文化和旅游部、教育部和科学院等部门制定的图书馆条例中的有关规定，通过阅览、外借、复制、参考咨询、文献检索、宣传报道、定期情报提供、情报分析等方式，广泛地为大众服务，为经济建设、科学技术和文化教育事业的发展服务。由于代查、代借、代复制、邮寄借书和流动图书馆服务的开展，使远离图书馆的读者也可获得图书馆服务。

现代科学技术，特别是计算机技术、声像技术、通信技术、缩微技术等在图书馆的广泛应用，使图书馆服务方式和服务手段日益多样化，服务范围也日益扩大和发展，服务效率不断提高。同时，随着互联网技术的普及，开始出现电子版图书，使信息的载体更加丰富，让人们可以更方便快捷地获取信息。随着人们信息价值观念的变化、科学技术的进步和文献资源共享的逐步实现，图书馆服务正沿着社会化和自动化方向迅速发展，图书馆服务在人们的物质生活和精神生活中将发挥越来越重要的作用。

图书馆服务的不断发展、变化，与社会的发展是息息相关的。总体来说，图书馆服务的发展过程，是从开始的不重视，到后来的重视，再到现在包括将来的，以服务为核心的一个转变过程，是非常符合社会发展和市场发展规律的。

（六）现代图书馆的新发展

中华人民共和国成立后，中国的图书馆学研究进入了一个新阶段，图书馆界力图用马克思列宁主义的立场观点和方法来研究图书馆学。20世纪50年代初期主要围绕新中国图书馆的性质、作用和工作方法进行探讨。20世纪50年代后期，图书馆学的研究逐步深入，从技术方法转向科学理论的研究。这个时期先后提出了"要素说""矛盾说""规律说"等观点。

文献分类学、目录学、馆藏建设、读者工作等分支学科也开始进行研究，并编写出《图书馆学引论》《藏书与目录篡读者工作》和《目录学》等教材。1978年十一届三中全会以后，图书馆学的研究受到空前重视，相继恢复和成立了一些研究部门，如武汉大学图书馆学情报学研究所、北京大学图书馆学情报学系的图书情报管理研究室等。

1979年7月中国图书馆学会成立，建立了11个专业研究组，以推动图书馆学的研究工作。从1979年7月到1989年，中国图书馆学会及其所属学会组织了近百次学术活动，其中，仅全国性的学术讨论会就有25次，参加会议的有2 300多人，提出论文2 000多篇。

其中涉及基础理论、读者工作、目录学、分类编目、科学管理、古籍版本、新技术的应用、建筑与设备和图书馆学教育等各个方面，出版专著1 500多种。

图书馆界为了交流工作经验，探讨学术问题及推广先进技术，从1949年到1989年，全国共出版图书馆学期刊130多种，1989年还在出版的有100多种，其中《中国图书馆学报》《图书情报工作》《图书馆学研究》《四川图书馆学报》《图书馆理论与实践》《图书馆工作与研究》《图书馆情报知识》《黑龙江图书馆》等较有影响。

我国图书馆界十分重视国际交往与学术交流。新中国成立初期，中国图书馆界就建立了与国外图书馆界的联系。当时对外交流的重点是苏联、东欧和一些发展中国家，后来又逐渐发展了与其他国家的联系，交往的途径主要是国际书刊交换和人员互访。随着我国对外开放政策的实施，图书馆界对外交往也有了很大发展。到1989年底，已与120多个国家和地区的图书馆界建立了联系。具体情况是：

1. 参加国际图书馆协会和机构联合会等国际组织的活动

我国是IFLA的发起国之一，新中国成立初期，曾一度中断联系，直到1981年才正式恢复了中国图书馆学会在IFLA中的国家协会会员的地位。同时，北京图书馆、中国科学院图书馆、清华大学图书馆、北京大学图书馆学系等单位也相继参加了IFLA，成为其机构会员。自1981年起，中国每年都派代表参加该组织的年会并提交论文。此外，中国图书馆界还先后派代表参加全球性的国家图书馆馆长会议（CDNL）、亚太地区国家图书馆馆长会议（CDNLAO）、国际标准化组织（ISO）和国际连续出版物数据系统（ISDS）等举办的会议，以及英国、美国、日本、澳大利亚、新西兰等国图书馆协会的年会。

2. 国际书刊交换

1949年以后，北京图书馆、中国科学院图书馆和北京大学图书馆等单位陆续开展了国际书刊交换工作。20世纪80年代这项工作有了较大的发展。除已开展这一工作的单位继续进行书刊交换外，一些省级以上的公共图书馆、高校图书馆和科研图书馆，也与国外的相应机构进行书刊交换。据1988年统计，仅公共图书馆与国外建立交换关系的就有15个。

3. 国际书刊互借

从1956年起，北京图书馆先后与苏联国立列宁图书馆、苏联科学院图书馆和英国不列颠图书馆等建立了国际书刊互借关系。到1988年，北京图书馆已与英国、法国、日本、苏联、朝鲜、印度和津巴布韦等35个国家的94个图书馆建立了书刊互借关系。

4. 人员互访

几十年来，中国先后组织代表团访问英国、美国、法国、苏联、日本、澳大利亚、加拿大等50多个国家和地区。与此同时，也接待了英国、美国、苏联、日本、法国等31个国家和地区的代表团。

5. 交换馆员、互派留学生和进修生

自1980年以来，我国图书馆界先后派出专业人员和技术人员到英国、苏联、澳大利亚、美国、日本和联邦德国等国家去进修和培训，英国、日本、澳大利亚等国的图书馆员也到我国图书馆进行短期学习。我国图书馆界还派人到英国、苏联、美国、日本、澳大利亚和联邦德国等国留学,同时也接受了外国的留学生。

6. 举办国际学术研讨会和展览

1980年3月,中国图书馆学会与美国国际交流总署联合在北京、上海举办图书馆业务研讨会。1982年5月,中国医学科学院和美国洛克菲勒基金会在北京联合举办医学图书馆管理讨论会。1986年9月,中国图书馆学会和IFLA共同在北京举办图书馆学情报学教育与研究国际研讨会。1987年7月,中国图书馆学会在北京举办美国大学东亚图书馆馆长代表团业务报告会等。1988年,中国先后在日本、美国、加拿大、新加坡等国家举办了中国古代书籍史展览、中国现代书籍展览和中国古代版画展览等。1951—1989年,中国先后邀请了美国、英国、日本、苏联、澳大利亚和联邦德国等国图书馆学专家来华讲学。与此同时,中国也派出古籍专家和图书修复专家到印度、美国、英国和新加坡等国讲授古籍及其各种知识。通过国际交往和学术交流,中国图书馆界不仅了解了国外图书馆的现状和发展趋势,同时也对外介绍了中国图书馆行业的发展与成就,加深了相互了解,增进了友谊。

总之,现代图书馆行业只有在时间上着眼长远,在空间上拓宽视野,才能真正做到战略意识上的服务创新。从现代图书馆的发展阶段我们可以看出,图书馆的发展与我们国家的经济发展、国家的重视程度息息相关。

第二节 图书馆文化与价值

一、图书馆文化与功能

图书馆是提供人们学习文化的场所,但是图书馆的管理本身就是一种文化。图书馆文化是指人们关于对图书馆活动的认识、观念、规范及与之适应的工作方式、执政理念和社会评价等。其具体含义是工作人员的图书馆观念、意识、价值、评价等。文化决定观念、观念决定心态、心态决定行为、行为决定习惯、习惯决定未来。这就说明,文化对于人的行为具有永久性的影响,短期的号召或专项突击式行动,远抵不过文化教育的内在驱动作用。建立良好的图书馆文化事关图书馆发展进程、全体图书馆管理人员的根本利益。从理论上分析,图书馆文化是图书馆建设的深层次软件要素,是一种潜在的无形的力量,是一种道德的软约束。因此,推广良好的办馆理念,培养良好的图书馆文化是非常有益且十分必要的。

公共图书馆是人们的终身学校,是一个城市文明程度的直接标志。作为重要的社会文化基础设施,它担负着向广大群众传播科学文化知识的重要使命。如果说,从提高生产力的角度看，公共图书馆是推动经济发展的加速器，那么从社会稳定的角度看，公共图书馆则是舒缓各种矛盾情绪的减压阀。公共图书馆作为公共设施，它的各项免费服务，实质上是以整个社会的名义体现同情、善意和关怀。作为公共图书馆一个分支的社区图书馆，是通过文献信息的选择、组织和传递来为一定地域内的所有居民服务。它具有区域性、全民性、系统性和多样性等特征，是普及科学文化知识和提高全民素质最有效的途径之一。

现代化的社会是不断变化的，尤其是21世纪的图书馆为适应随时代变化带来的竞争，就必须努力提升办馆实力，从而提高整体服务水平。考察一个图书馆的办馆实力，除了图书馆的设施、图书馆管理人员力量等现实能力外，还有一种容易被人们忽略的隐性实力。这种隐性实力就是指适应时代的办馆理念、服务读者方面的具体价值取向及独具特色的专业建设指向等。这两方面的实力结合在一起，才能体现图书馆的整体水平。而所谓的隐性实力，在某种意义上指的就是图书馆文化建设的水平。

图书馆文化是包括图书馆建设实施环境、馆内文化活动及馆内隐性服务读者方面的文化。这种文化是在社会大文化背景取向下，全体图书馆管理人员在馆长带领下，经过长期服务实践所形成的服务取向的共同认可、共同追求的心理特征，富有进取性的精神风貌及独具特色的服务风格。它既具有对传统文化的继承，又具有符合时代精神的特色。

图书馆文化是指图书馆的整体布局设计，独具匠心的场馆建设、建设的装修风格等各个方面。图书馆文化同时还包括了对图书馆服务本质的认知，对图书馆功能的思考，对图书馆社会责任的理解。图书馆内的人际氛围，领导和员工的互动，昂扬奋进的精神面貌，时代特征的充分体现，团结友善的亲和关系，民主平等的愉悦气氛，馆内各种运作中产生的心灵上的默契等，这些因素一起构成了完整的图书馆文化。

图书馆文化亦指图书馆在馆长的带领下，馆内领导、员工在长期服务中培养而形成的共同的价值取向、共同的精神追求、共同的探索指向等，它影响到馆内管理、服务的风格、政策目标的制订及运行的模式等各个方面。它是图书馆发展的精神上的内在驱动力，它反映一个图书馆办馆品味的高低。图书馆之间的竞争除了硬件设施、馆藏信息及管理人员水平外，更加实质的差距则体现在服务质量上。服务质量包括服务态度和读者所需信息量的多少。两个需求相同的读者在提供的服务质量不同的图书馆里，得到的服务态度和所需的信息量是完全不同的。

而图书馆最重要的文化内容是图书馆对读者的影响。除了良好的读书环境外，还有馆员与读者之间互动的默契，以及通过这一切反映出图书馆内明显的价值取向和共同的理想目标愿望及追求。实质上这些无形的东西才是图书馆服务读者所需要的最重要的内容。图书馆是一种特殊的行业，其主要目的不仅是吸引读者，更是为前来阅读的读者提供良好的服务。读者是接受图书馆服务的直接对象，我们看重读者是因为读者对提供的服务的满意度，在一定意义上反映了图书馆提供服务质量的高低。从这个角度看，图书馆的首要目标应当是满足读者所需要的良好的服务质量。要强化和提升图书馆隐性功能，就必须注重图书馆文化的培育和建设，围绕图书馆的发展目标，致力于图书馆独特的文化色彩并具有明显价值取向的图书馆文化建设，才能从根本上提高图书馆的服务质量。

1. 图书馆文化的特征

图书馆文化的特性可以概括为以下几个方面：

（1）开放性

图书馆文化的开放性主要表现在：图书馆是一个传播知识、获取知识的平台，而知识是没有贵贱之分的，任何人都享有阅读、获取知识、奋发向上的权利。所以图书馆应该向社会公众开放。

（2）时代性

时代性的特征指的是图书馆是社会中的一部分，社会的发展、时代的进步对图书馆文化具有强烈的制约作用。反过来，图书馆的发展目标、群体意识、价值取向也应该反映出鲜明的时代特征，与时俱进。

（3）继承性

图书馆的馆藏不是一朝一夕就能完成的，而是日积月累形成的，图书馆的精神、理念、制度等也不是一蹴而就的，而是在几代人不断地继承和发展中形成的。无论是图书馆的物质组成部分还是精神组成部分，都需要继承与发展。

（4）公益性

图书馆文化的公益性主要是针对公共图书馆来说的，公共图书馆的经费主要来自地方财政，这也就决定了公共图书馆的公益性。

2. 图书馆文化的结构

图书馆文化的划分主要有两种，它们分别是：

①根据包含的内容不同，将图书馆文化分为物质文化、精神文化、制度文化和管理文化。图书馆文化的物质文化主要包括馆藏文化、馆舍文化和环境文化。图书馆的精神文化由图书馆哲学、图书馆价值观、图书馆服务文化、图书馆精神、图书馆形象、图书馆风尚等构成。图书馆的制度文化是图书馆在长期的服务管理活动中生成和发展起来的，以提高图书馆服务质量和服务效益为目的。其主要包括行业规范、业务管理制度体系和行政管理制度体系。而图书馆的管理文化就是以人为中心的管理文化。

②根据图书馆文化的特征，将图书馆文化结构划分为图书馆物质文化、图书馆制度文化和图书馆精神文化三部分。

物质文化是以物质为形态的表层文化，是图书馆文化的最表层。它存在于图书馆的环境、建筑、设施、布局、美化等各个表面，是图书馆精神文化的外在表现。它受图书馆制度文化和精神文化的制约，具有从属性、被动性。

制度文化以规章制度作为存在方式，是图书馆文化的中间层，它以图书馆内部先进的组织管理模式以及各种成文或约定俗成的规章制度为表现形式，是图书馆群体应共同遵循的行为准则的总和。

精神文化是在图书馆发展过程中形成的一种意识和文化观念，它是一种以意识为形态的深层文化,主要表现在图书馆工作人员的价值观念、思维方式、思想意识、文化素质和职业道德等多个方面。它是整个图书馆文化的核心部分,既体现了历史精神,又充满了时代气息,这是图书馆文化的精髓,并且维系着图书馆文化发展的命脉。

3. 图书馆文化的功能

图书馆的文化功能主要分为教育功能、组织功能、辐射功能、凝聚功能、激励功能、约束功能以及融合功能。

（1）教育功能

图书馆在某种意义上与学校的功能一样,都是让人学习的地方。图书馆的教育功能是在图书馆发展初期,即书院阶段就已经形成的文化功能,近代图书馆则是将开发智力资源、进行社会教育和传播民族优秀文化作为一项重要的内容,现今图书馆更是成为进行社会教育的大课堂。正如教育家陶行知先生所说:"一种生机勃勃、稳定和谐、健康向上的环境氛围,本身就具有广泛的教育功能。"

（2）组织功能

图书馆的组织功能是指经过若干年的历史发展和沉淀,已经成为一个组织非常完善的机构,体现在它已经能够通过自身所创造的物质、精神财富来稳定和约束职工队伍,并建立和形成了一套完整的规章制度和职业道德规范,对图书馆员工的思想、行为起引导作用,使之与图书馆的目标相符,并使职工不断去追求、实现自己的价值,完善自身的形象。

（3）辐射功能

图书馆的文化,对社会各行各业都有一定的影响。图书馆的辐射功能是指图书馆文化是社会文化系统中的一个子系统,处在各种社会文化环境的巨大磁场下,受到来自各方面的影响,如网络文化环境的影响、大众消费文化的影响,等等。同时,图书馆文化的辐射功能又体现在它接受影响的同时也将自身的影响辐射到整个社会,给周围社会文化产生不可忽视的影响。

（4）凝聚功能

图书馆文化的凝聚功能是指用共同的价值观与共同的信念使图书馆上下团结一致。一个单位要想在竞争中谋求发展,不仅需要物质力量,同样也需要精神力量。良好的文化扮演的角色就是强大的精神力量,它能将一盘散沙与卵石,凝聚成坚固的混凝土。图书馆文化就是通过改变人的观念和精神面貌来带动图书馆整体面貌改变的。

（5）激励功能

图书馆文化的激励功能是指激励员工向困难挑战,向自我挑战。优秀的文化模式一旦形成,并形成良性发展,那么在图书馆内部就会形成一个良好的工作氛围,图书馆文化的激励作用就能起到物质所不能起到的作用,使全体人员产生责任感、荣誉感和进取心,激励工作人员与图书馆同呼吸、共命运。

（6）约束功能

图书馆文化的约束功能是指通过制度文化约束图书馆领导及图书馆工作人员的行为,

保证每项成文的或约定俗成的规章制度被严格执行，从而提高图书馆运行的效率。这种制度文化的约束作用是一种硬性约束，它对图书馆每一个成员的思想、行为起着有力的约束作用。

（7）融合功能

图书馆文化的融合功能指对图书馆内部成员进行潜移默化的引导，使其自然而然地融合于团体之中。图书馆文化中的共有价值观念，一旦发育成长到习俗化的程度，就会像其他任何文化形式一样，产生强制性的规范作用。

当前是一个网络化的现代化社会，网络化在图书馆系统的应用也是一样。网络化是数字图书馆的基础建设，是图书馆深化服务、实现资源共享、整合资源最重要的基础技术保障。纵观历史发展，每一次技术革命，都对图书馆的发展起到了积极的推动作用。特别是在经济全球化的今天，现代信息技术的飞速发展，也为区域性、地区间、国际的交流与合作创造了十分便利的条件，并共同应对新形势下的各种挑战。

任何一种新技术的发明都为人类创造了一个全新的、更高层次的生存环境。计算机技术、通信技术、网络技术使图书馆的职能、服务方式等发生了重大的变化。图书馆的绝大部分工作都已经基本摆脱了传统手工作业的方式，实现了网络化的计算机管理，读者可以在任何时间、任何地点，使用任何的数字手段检索到所有的知识。可以说，信息技术的独有魅力是有史以来的任何一种技术形态都无法比拟的。然而，虽然信息技术是一个伟大的发明，但它也仅仅是个手段、工具而已，本质上说，并没有从根本上改变图书馆的属性——服务。数字图书馆无论在战略规划、内部机制、人事管理各方面采取什么样的新措施，最终都要落实在服务上，服务是图书馆的天职，没有服务，图书馆就不存在。

新的发展形势和环境无疑给图书馆的传统理念带来了挑战。因此，数字图书馆面临的一个首要问题就是确立怎样的服务理念。而当今社会，信息产业的飞速发展已打破了图书馆的信息垄断地位和优势，迫使我们站在知识经济的高度和图书馆生存发展的高度，认真思考和研究如何借助当今社会一切现代化手段和先进的技术支持，真正进入为社会经济发展服务这一严峻问题。为此，我们必须摒弃一切旧有的观念，树立全新的服务理念。

观念和思想一直以来都属于社会体系中最深层次的部分。当社会面临变革时，人们关注的往往是社会表层那些看得见，摸得着的属于器物的东西，而文化深层中的概念则往往容易被人忽视。实际上，在新技术条件下，图书馆理念、数字图书馆馆员的观念、思想意识才是长期影响和制约图书馆发展的最重要的因素。

4. 图书馆理念

图书馆是为人服务的，所谓图书馆理念，最核心的理念是树立"以人为本"的服务理念。众所周知，图书馆的社会责任就是满足大众的文献信息需求。图书馆馆员只有正确理解自身承担的社会责任，树立起良好的事业理念，才能自觉地履行图书馆馆员的工作职责，全心全意地为读者服务，才能把最大限度地满足读者文献信息需求作为图书馆一切工作的出发点和归宿。因此，服务理念是对图书馆承担的社会责任、社会功能、服务宗旨和认识水平的体现。换言之，只有具有很好的服务理念的图书馆人，才能热爱图书馆行业，才能自觉地做好读者服务工作。

图书馆能不能发展、如何发展，从根本上来说，取决于表现在图书馆人身上的图书馆主体性意识的觉醒。数字图书馆馆员主体性意识的觉醒，数字图书馆的发展，最终需要图书馆人来完成。因此，图书馆人如何理解数字图书馆的发展，以什么样的服务理念推动图书馆服务的发展，推动图书馆向什么方向发展，就成了关系到图书馆的现在和未来的决定性因素。

二、图书馆的价值体现

图书馆是人类学习知识的场所，同时，图书馆也是保存人类文化遗产，收集、整理、存储、传递和开发信息，并向社会提供使用的科学文化的教育机构和信息服务机构。图书馆的价值主要包括资源价值和社会价值两个方面。

（一）资源价值

这是一个很广泛的概念，从天文到地理，从政治到军事，从自然到科学等，无所不包。从图书馆价值的角度来看，最能够体现图书馆价值的资源主要有信息资源、空间资源和文化资源这三类。

1. 信息资源

从根本上来讲，信息资源是图书馆最重要的资源。图书馆，有图书，才称为图书馆；无图书，则不能称为图书馆；即使是数字图书馆，那个所谓的数字，便是电子图书。图书馆应该保存一切有文字的纸片，这样的说法虽然有一定的片面性，但是，印刷型文献资料有着不可替代的优越性。虽然电子文献及网络信息资源的存储丰富了图书馆的馆藏形式和内容，但是图书馆的传统藏品中珍藏着许多人类优秀文化典籍。人类不可能将所有的印刷型文献全部转化为数字型文献，传统的纸质型文献资料具有其优越性，图书馆馆藏的文献资料主要是纸质型书刊，这种纸质型文献与电子文献、网络资料相比，具有使用方便的优点，它不需要使用电子音像设备和计算机设备即可阅读。纸质型文献是实现图书馆价值的物质基础。图书馆的未来必须以其自身的永久资源为基础，不能仅以电子数据存储为基础。

2. 空间资源

图书馆的空间资源是图书馆不可或缺的重要资源。虽然数字图书馆的建设已经取得了不凡的成绩，可是，近十年来，我国图书馆的建设比数字图书馆的建设发展得更快，这是特别值得肯定的。但是，我们也必须看到，我国的图书馆数量仍然很少，图书馆的面积仍然严重不足，需要大力建设图书馆，以满足人们的文化需求和精神需求。

3. 文化资源

文化资源是图书馆的重要资源，一个好的图书馆一定是一个有文化的图书馆。这也就要求图书馆馆长要具有科学管理意识，努力提高自己的文化素质。

（二）社会价值

图书馆是为人们学习文化知识所准备的，是社会分工中不可或缺的重要组成部分。图书馆的社会价值，就在于真正实现图书馆藏书的价值，而实现藏书价值的途径就是为读者服务。图书馆的社会价值体现在以下几个方面：

1．图书馆是一个绝佳的学习场所

图书馆是除学校以外的一个好的学习场所。图书馆拥有的文献信息资源众多，内容涵盖古今中外和各学科门类，载体形式多样，服务手段多样，是取之不尽用之不竭的知识宝库。图书馆有着幽雅的环境，浓厚的学习风气，营造了一种强烈的文化氛围，能给学习者提供良好的学习环境，无论何时何地，图书馆都是人们接受教育的理想殿堂。图书馆以公益性服务为基本原则，以实现和保障公民基本阅读权利为天职，以读者需求为一切工作的出发点。在对外开放不断扩大、信息网络技术迅猛发展的时期，图书馆对先进文化的倡导作用更为重要。它通过对文献信息的收集、整理、开发、利用来宣传党的方针政策、国家的法律法规和科学知识，发掘、阐述、转化、继承和发扬积极向上的文化成果，牢牢把握先进文化前进的方向，推动先进文化传播。

2．图书馆是精神文明建设的重要基地

图书馆是从事信息工作的重要领域，一直以文献信息的管理与利用为主，成为文献信息的汇聚与交流中心。图书馆的存在及其职能作用的有效发挥，使人类精神文明的发展有了可靠的保证。正是人们自觉利用和依赖图书馆阅读信息的行为，营造出了良好的社会文化氛围，推动了人类精神文明不断向前发展。

3．图书馆是一个查询、管理信息的重要部门

图书馆是文献信息资源搜集、加工和管理的重要部门。信息技术和网络技术的飞速发展，拓展了图书馆的信息收藏范围。图书馆的收藏形式日益丰富，由收藏单一的印刷型文献资料，转变为收藏多媒体电子出版物、光盘数据库、网络信息等多种信息存储形式的完整的信息系统。图书馆还肩负着信息资源建设的重任，一方面要丰富本馆特色资源，把馆藏信息数字化；另一方面还要对网络信息进行有效的规范管理，对有害信息、虚假信息和垃圾信息进行筛选过滤，对读者需求的信息和知识进行分类、归纳整理，并将结果通过网络反馈给读者。

4．图书馆是为社会服务的一个公益机构

图书馆从其出现并为社会公众服务起，就决定了其社会公益性的属性，它的公益性体现在无偿地为广大读者服务。图书馆向读者提供平等的服务，各级各类图书馆共同构成图书馆体系，保障全体社会成员均等地享有图书馆服务。知识一旦生产出来，几乎无须增加任何成本就可供全人类共享，而且不会因为使用而消耗减少。图书馆虽然不是知识的生产者，但其收藏的知识的特征不变。知识一旦被图书馆所收集、加工、保存，同样几乎无须任何附加费用就可以向所有人提供。无论贫富贵贱，无论是大学教授还是平凡的打工者，都能平等地获取图书馆资源。

5. 图书馆在服务与管理中体现人文关怀

图书馆致力于消除弱势群体使用图书馆的困难，为全体读者提供人性化、便利化的服务。随着城市经济的快速发展，越来越多的农村务工者涌入城市，该类读者的社会来源广、构成复杂、个体差异很大，对知识有不同程度的需求。图书馆管理人员指导他们正确的使用图书馆，不但能提高他们的自身素质，而且对于社会的稳定和谐发展起到关键作用。

第三节 互联网对图书馆的影响

随着现代科技的发展，人们已经进入信息大爆炸时代，传统的图书馆已不能适应现代快节奏生活的需要，因此，应用现代化技术的图书馆应运而生。现代化图书馆就是将现代技术应用于图书馆各方面的工作。现代技术主要是指第二次世界大战以后出现的各种新技术，它和图书馆工作结合后，使图书馆工作发生了深刻的变化，图书馆行业从此进入一个新的发展阶段。

随着信息时代的发展，特别是网络技术的高速发展，为人类社会的进步营造了一个前所未有的信息空间，也给图书馆这一重要的社会信息服务系统带来了巨大的挑战和提供了难得的发展机遇。图书馆资源数字化、馆舍的虚拟化、服务的社会化、发展集约化成为图书馆未来发展的最佳模式。

资源数字化。随着信息时代的到来，图书馆也必将朝着数字化方向发展，建设数字图书馆，这是毫无疑问的，业界也讨论很多。资源数字化包括资源的存在形式（或载体形态）数字化、资源的组织数字化和文献信息服务体系建设。资源的存在形式数字化包括馆藏资源数字和社会资源馆藏化。

馆藏资源数字化是根据各馆的特点以及日后的发展规模，确定数据格式标准（主要包括多少字段，采用什么格式）、收录范围、时间段和载体形式等，再根据《图书著录格式规范》《图书资料著录规则》等标准，对馆藏资源进行数据收集与加工。数据加工包括书目编目、文献著录、文字录入、扫描、图片处理等，然后建立专业的、特色的文献数据库。建立文献数据库，还依据《数据库著录规则》《元数据的标引规则》《数据库主题标引规则》《数据库分类标引规则》等多个规则，使每个文献处理人员有章可循，为高质量完成建库任务打下良好的基础，同时为后期的数据库软件研制工作提供保障。

社会资源馆藏化。现有社会的数字信息资源可以分为网络数据库、电子图书、专业数据库和学位论文数据库四大类。网络数据库中常见的有：一是中国期刊网，内有1997年至今的5 300种全文电子期刊，以及1994年至今的题录；二是维普中文期刊数据库，内有文理各学科期刊8 000多种，其中科技期刊较全，收录时间为1989年至今；三是万方数据资源系统：以核心期刊为主线，内容涵盖医药卫生、工业技术、农业科学、基础科学、社会科学、经济财政、科教文艺、哲学政法等各个领域，100多个类目的近5 000多种核心期刊，三大数据库分别是数字化期刊全文数据库、万方数据中文知识（链接）门户以及数字化期刊刊名数据库；四是中文社会科学引文索引数据库，包含人文社会科学各专业，收录国内外出版的重要的中文、人文科学、社会科学学术期刊419种。

文献信息服务体系建设。如果资源的组织与管理模式、相应服务理念与服务方式不能适应数字时代的要求，再多的数字资源也不能构成一个理想的数字化的文献信息服务体系。建设数字图书馆应该全面继承和发展图书馆的资源与服务，通过现代的管理方式和服务理念，采用现代数字技术，使图书馆的各种资源发挥更大的效益。1997年3月，美国国家科学基金会资助召开的"分散式知识工作环境"会议报告上提出："'数字图书馆'的概念并不仅仅是一个拥有信息管理工具的数字收藏的同义语，它更是一个将收藏、服务和人融为一体以支持数据、信息和知识创造、传播、利用和保存的全过程。"建立数据建设同盟，加大数据开发的比重，建立中数据库产业基地；统一数据库制作标准，提高数字化水平；改进数据库检索技术，采用超文本检索技术，提高检索效率，实现在网上轻松阅读和下载。在网络环境下，数字信息传输将采取长距离、大容量、数字式通信方式，其范围之大，可以覆盖全球，其容量之大不是指几十兆、几百 GB，乃至几十几百 TB，而是可以建设一套快速、大容量的传输系统以实现网络资源共享。图书管理的网络化以及信息资源的数字化、电子化，使得我们可以获得大量信息，而不必关注其收藏点。数字化图书馆联盟下的子单位，就可根据各馆的收藏和服务特点，为数字化联盟加工、传输、共享本馆的数字资源，这就避免相同资源的重复建设，节省了时间，减少了不必要的损失。这就是先进的数字化信息和数字化传输。

馆舍虚拟化。伴随着全球网络化的迅速发展，特别是互联网的出现，已经构成了人类有史以来最大的信息资源网络，在网络环境下，图书馆的资源结构发生了深刻变化。在信息时代的知识社会里，图书馆的发展不再是一个独立的实体，而是信息社会系统里的一个知识功能模块。在实体馆藏资源的基础上，建立具有联机检索功能的数字化图书资源，在当今这个时代，任何图书馆如果离开数字化图书资源而仅靠自己有限的实体馆藏资源来提供广泛的服务，是不可想象的。因此，很有必要在互联网上建立一个统一的、具有全面共享的、高速的、安全的、不受时间和空间限制的、随时随地都可使用的智能化虚拟图书馆。

文献信息资源的数字化，图书馆实体的虚拟化，是图书馆未来的发展方向，真正意义上的数字图书馆可以不受任何约束地通过网络图书馆调出其他馆的文献信息，变缺馆藏为"有馆藏"，真正成为"无墙图书馆"。

图书馆服务社会化。图书馆服务社会是知识经济和信息时代发展的必然趋势。随着知识经济社会的到来，图书馆面向社会开放，为社会大众服务，走社会化的道路势在必行。因为知识经济的兴起和网络时代的到来，为知识创新提供了更加广阔的舞台，同时也带来了信息传播方面的新问题。面对"数量"和"复杂度"激增的各类信息，图书馆有责任通过自己的创造性劳动，做深层次的信息加工和鉴别以确定信息的价值，从而保证知识传播渠道的畅通,为广大科研人员实现知识、科技创新创造条件。基于知识、技术创新的大环境,图书馆的服务社会化是在市场经济条件下谋求自身发展的一个必然趋势。

现有资源得不到充分有效利用。图书馆,特别是高校图书馆,作为文献信息的一个汇集中心,拥有众多的文献信息资源。据不完全统计,全国1 000多所高校图书馆拥有藏书6亿多册,并拥有大量连续出版物等及时性的信息资源。高校图书馆拥有较强的专业文献资料加工处理能力,在长期的教学和科研工作服务中,高校图书馆积累了大量工作经验和专业信息处理知识和能力,这些知识和能力是其他类型信息服务机构无法比拟的。可以说,高校图书馆是一个学科齐全的多功能的信息处理中心。但是,高校图书馆的这些资源优势,如信息资源优势、技术设施优势等并没有得到充分有效的发挥。虽然目前许多高校图书馆已开始向社会开放,但其力度、服务范围和层次还远远不够。高校图书馆的这些资源需要有一个更为广阔的发展领域,让其得到更有效的利用,高校图书馆需要一个展示自己的社会大"舞台"。

图书馆在服务社会的过程中可以方便地引进外部资源,如资金、技术、管理,借助外部力量进一步深化其内部改革,让图书馆更好地为高校教学和科研服务,并进一步为社会提供更为广泛的信息服务。如今,图书、信息已走向市场化,清华同方的中华知识网、中国期刊网、万方数据、维普中文期刊等网上资源与图书馆的强强联手,给图书馆提供了强大的外部资源活力,使图书馆为社会提供服务的工作能够开展得如火如荼。而绝大部分图书馆面对市场经济也不能再冷眼旁观,而应该把目光投向市场,服务社会化是图书馆走向市场的重要途径。

图书馆服务社会化的体现。进入知识经济时代和信息经济时代,人们的信息意识不断提高,对信息的需求量越来越大,信息的迅猛增加和高效利用,给图书馆的文献信息资源管理和读者服务工作开辟了广阔的前景。高校图书馆不仅是学校的文献信息中心,还是学校信息化和社会信息化的重要基地。图书馆应不断拓展自己的教育职能和信息服务职能,把读者第一、服务至上,全心全意为读者服务作为最高宗旨;把吸引读者,争取读者作为重要的策略行动;把拥有最多的读者,最广泛的信息传播面和提高有效的知识流通量作为工作方向;把适应社会的发展,遵循读者服务的发展规律,不断提高为读者服务工作的质量和水平作为自身发展的目标。

读者服务对象的延伸。电子计算机技术、现代通信技术和网络技术在图书馆的广泛使用,将逐步打破图书馆与读者的严格界限。网上读者的出现,将使图书馆的读者范围不断扩大,它不仅有自己特定的读者对象和相对稳定的读者群体,即高校图书馆不仅有本校的教职员工和学生读者,而且还有社会上其他单位的读者,特别是利用本馆特色馆藏资源和文献信息的读者。图书馆读者对象范围的延伸,反映了图书馆从自我封闭到有限开放,再到全面开放的社会化发展趋势,同时也说明,信息时代的图书馆将承担更多的社会职责,发挥更大的社会教育和服务功能。

随着信息时代的发展，特别是网络技术的高速发展，图书馆应用现代化管理方法和先进的科学技术，加强分工和协作，提高信息资源和经费的利用率，增进图书馆行业的整体效益，是图书馆行业集约化的基本含义。信息社会的来临使图书馆面临着前所未有的挑战，一方面社会信息量急剧增加，单个图书馆越来越难满足本馆读者的信息需求；另一方面信息技术正在改变着图书馆的传统面貌，数字图书馆、虚拟图书馆等新的图书馆概念和形象相继产生。为了共同满足社会的信息需求，图书馆，特别是高校图书馆必须联合起来，实现资源共享就成了历史的必然，而现代信息技术的应用能帮助图书馆克服时间与空间的限制，从技术上支持图书馆信息资源的共享。

在结构上，计算机技术和通信技术在图书馆的应用彻底改变了图书馆的工作方式，使图书馆的各项工作在图书馆内部形成一个整体，实现了图书馆的局域网络化，图书馆作为社会的一个有机组成部分，与网络结合并将其信息资源提供给社会公众也是大势所趋。以计算机技术与信息处理技术为主的有形的、组织结构精密的现代图书馆网络将取代传统的图书馆网络。在功能上，在未来的以知识为基础的社会里，图书馆不仅是人类文化的保存中心，而且还将成为真正的知识教育中心和素质教育中心；不仅收藏着丰富的信息和知识资源，而且可以通过各种现代化手段和途径获取并传播人们所需要的各种馆内和馆外的信息和知识资源，从而成为各种年龄和知识层次的人学习和研究的最佳场所；不仅为馆内读者服务，而且还可利用现代化手段，在网上开设远程教育课程，提供远程教学服务，从而成为人们终身学习与终身教育的中心。由于馆藏范围的延伸，图书馆将兼有博物馆、美术馆、纪念馆的功能。但与这些机构不同的是图书馆除了保存功能外，将更加重视藏品的使用价值，人们可以将其中的一些艺术复制品像图书一样借出，从中受到艺术熏陶。从这个意义上说，图书馆还将成为重要的素质教育中心。在馆际合作上，交通、通信的发达，特别是高速信息传输网络的建设，使得国际的图书馆业务合作和学术交流变得更加方便，特别是网络作为一种全新的信息传递手段，以其信息量大、传输方便、不受时空局限、共享性强等优点显示了强劲的生命力。我们可以通过网络检索世界上诸多国家和地区各类图书馆的馆藏目录及各种指南、手册和期刊索引数据库，交换书目信息，实现联合编目，开展学术交流。在发展理念上，图书馆作为信息的集散地，其从业人员的群体观念和个体意识应该是最敏锐最开放的，他们应该时刻获知、鉴别和汲取新的有益的思想。在知识经济时代，社会信息网络以其丰富多变的载体形式、交流形式、服务形式使我们重新认识图书馆行业、图书馆信息资源、图书馆读者（用户）、图书馆服务及图书馆本身，具有时代特色的新观念将层出不穷，而那些过时的、不符合发展趋势、落后于客观现状的旧意识将得到更新。

第四节　图书馆创新服务的提出

图书馆是人们学习、查阅资料的重要场所，而一个图书馆的文献信息服务水平的高低，直接决定了图书馆的发展空间。文献信息工作属于知识密集、技术含量高、社会效益显著的综合性服务项目，是21世纪图书馆服务工作的重点。随着因特网的迅速普及和信息高速公路建设热潮的兴起，网络更加贴近人们的生活，这种国际社会信息化的大趋势，给文献信息服务工作的开展带来了新的挑战和机遇。作为信息网络的特殊用户——图书馆只有熟悉并掌握各类网络中的信息资源种类、结构、范围、深度等，才能为读者提供优质的智能型服务。在网络环境下，图书馆功能得到加强，读者数量呈指数增长，馆藏资源高度共享，读者将不再局限于本单位、本地区，只要有条件上网，都能够利用图书馆的资源和服务。网络环境下，图书馆由于实现了网络化管理和服务，要求读者必须具备一些基本的计算机信息检索、外语等知识，因此，读者的文化层次更高。

图书馆信息服务主要是文献知识服务，知识在经济发展中的地位，必然引起我们对知识的重视。重视知识投资，重视知识的创造、传播和应用，加快传播和获取知识的速度，就要运用高新技术去传播和获取知识。图书馆文献信息资源是传统的信息服务基础，建立"书目查询"网络信息服务非常重要。联机网上书目查询，替代了图书馆传统的卡片式目录，成为现代教学服务工作的一个组成部分，它不但节省了检索信息的时间，提高了检索效率，而且促进了馆藏文献的利用，对新到的图书、期刊、光盘和数据库等，可进一步在图书馆网页上建立新的通报、最新期刊目次服务、新到光盘和数据库通报等链接，从而及时、有效地提示馆藏、开展形式多样的文献查询服务。

文献传递服务主要是解决如何通过图书馆获取自己无法找到的文献资料的问题。文献资料包含国内外的图书、论文和专利等，主要来源于CALIS和CASHL两个文献传递服务网内成员馆馆藏及国家科技文献中心和中国地质图书馆等。

一、电子图书馆的出现让文献信息服务迈上了一个新台阶

电子图书馆是随着电子出版物的出现，网络通信技术的发展，而逐渐出现的。电子图书馆，具有存储能力大、速度快、保存时间长、成本低、便于交流等特点。光盘这一海量存储器，能够存储比传统图书高几千倍的信息，比微缩胶卷要多得多，而且包括图像、视频、声音等。

利用Microsoft Visual FoxPro技术管理图书馆里的图书，对馆外文献信息资源进行搜索、过滤，成为虚拟馆藏，形成更加宽广、快捷的信息通道；通过最现代化的手段——计

算机网络操作技术使馆藏文献走向数字化，使人们能够很快查找到自己所需要的信息资料。这样，保存信息量的时间要长得多，不存在霉烂、生虫等问题。

二、"读者至上"的文献信息服务

图书馆不断发展的最终目的是为读者创造最大的利益，确定"读者至上"的图书馆文化，以读者对图书馆的满意程度作为衡量图书馆自身工作的主要标准。正因为图书馆坚持处处将读者利益放在主要点来考虑，从而使图书馆文献信息服务出现以下新的面貌：

①长时间、全方位地为读者服务。现在很多的图书馆已做到了全年开放，每周开放72小时，大大方便了读者，使图书馆真正成了"读者之家"。

②服务对象更广泛、服务更便捷。扩大服务对象，敞开发证，有些馆已经做到了无证件就室阅览，办借书证也不受任何条件限制，使公共图书馆的大门无条件地向社会公众敞开。

③开放性文献信息服务。现在很多的图书馆馆藏文献实行全方位开架，让读者最大限度地接近馆藏，从而大大提高了读者对文献信息资源的利用率。

④提升图书馆的服务空间。设立馆外图书流通点，通过送书下乡、文化扶贫、送书到军营、厂房、工地等，全方位、多角度地拓宽了图书馆的服务空间。

⑤加大对文献资源的开发力度，增强图书馆的信息服务功能。文献服务已由以整本图书或期刊为单元进而以知识、信息为单元，向用户提供针对性服务。图书馆还开展信息咨询、代查代译、专题剪报、定题服务等业务，图书馆服务工作正在逐步向信息服务的方向深化与发展。通过在服务过程中对文献资源的开发、挖掘、引导使读者从中得到受益。

⑥另辟蹊径的特色服务。在特色服务上另辟蹊径，如深圳图书馆设有馆中之馆的法律图书馆、时装图书馆，北京东城区图书馆设有包装资料馆，上海曲阳图书馆设有影视文献中心，湖北省宜昌图书馆设有柑橘文献中心，郑州科技图书馆设有饮食图书馆，南京金陵图书馆设有广告人文库。这些馆除了做好常规服务工作外，还开展专题文献信息服务，成为他们深化服务内容的一大特色。

⑦与活动相结合，形式多样。现在很多的图书馆倡导阅读，开展丰富多彩、健康向上的读书活动和社会文化活动，如举办各种讲座、读书报告会，开展优秀图书推介，新书展览，组织多种多样的读书活动，以激发广大群众的读书热情。如1999年沈阳市开展的"建设新沈阳""迎接新世纪"百万市民读书活动，新疆维吾尔族自治区举办的"全民读书日"，文化扶贫委员会等部门联合举办的全国农民读书征文活动等。日益浓厚的学习风气有效地推进了全民阅读型社会的建立。

⑧借助互联网的发展。现代图书馆是离不开互联网的发展的。开拓网上服务，网络资源更新的速度很快，且具有迅速、交互、图文并茂的特点，图书馆还以积极的姿态培训用户，以求将更多的用户带入一个全新的知识天地。

⑨延伸性服务。业务部门开展延伸性信息服务，如通过科技查新、文献检索、翻译服务、培训服务等，为科研和企事业单位提供服务。如广西壮族自治区桂林图书馆是该区授权的广西科技成果检索查新单位，仅1998年为全区科研课题立项、鉴定查新咨询160多项，成为该区最具活力的科技服务单位，充分显示了它的服务价值。

三、文献信息服务的发展趋势

1. 图书馆文献信息服务的完善

图书馆主要以纸质的文献信息为主，在现代化的今天我们应该使图书馆与计算机技术和网络技术紧密结合，利用计算机技术创建适合图书馆规模的数据库，来记录和分析馆内的图书资源，对馆内资源的准确掌握，对管理和发展图书馆至关重要。在进行图书馆文献信息服务时，利用网络资源建立网页和索引来对图书馆中的所有图书进行合理分类，对读者快速合理地查找所需信息十分必要。有了索引的帮助，读者不必为了寻找一本书而穿梭在整个图书馆中，这种既费时又费力的寻找方式将得到有效改善。同时，为了方便客户与读者对知识的获取，在图书馆文献信息服务中还可以采用电话、短信、传真和电子邮箱来为客户进行服务。客户可以将所需的文献信息通过以上方式发送到图书馆有关服务部门，服务部门的工作人员将用最快的速度将准确信息回复给客户。图书馆文献信息服务的发展方向随着信息化技术的不断改变，图书馆文献服务方式也在随之变化。数字化和网络资源的利用使现代图书馆文献信息服务更加人性化，开创了文献信息服务的新局面。

2. 网络化信息服务

近些年随着网络的迅速发展，它已成为人们生活中不可缺少的一部分。图书馆也在应用网络来完善文献信息服务系统，图书馆功能在应用网络后得到加强，读者数量也随之快速增长。网络的一大特点就是资源共享性，读者将不再受限于不同单位和地区，在权限的允许下，读者可以获得任何单位与地区的知识资源，这样使得读者获取的信息更加广泛准确。利用网络可以使自愿的寻找更加快捷，只要读者掌握必备的一些基本计算机、信息检索、外语等知识，就可以用最快的速度找到自己需要的信息。

图书馆可以利用网络将用户所需的各项服务功能进行整合，使之最大限度地满足用户的各项信息服务要求。在这样网络化的文献信息服务模式下，图书馆得以向读者提供多层次、全方位的信息服务，最大限度地方便用户查找信息的过程。网络环境下搜索引擎提供了多主题自由检索，这种检索方式使信息检索已不再是图书馆专业人员的专利，而是成为一种大众化工具。

图书馆文献信息服务在现代化高速发展的社会中逐渐完善并继续发展，图书馆已不再是传统的内部开放，而是面向全社会各阶层开放。任何一个公民都有权利在图书馆中寻找自己所需要的信息，图书馆资源也日益区域共享化。同时，网络化文献信息服务的应用不仅方便了读者的需求,还使图书馆管理系统更加完善化,在今后的发展中图书馆文献信息服务将更加完美。

图书馆文献信息服务是未来图书馆的核心竞争力。随着时代的不断发展与科技的持续进步,文献信息服务展示了新的面貌。传统图书馆的文献信息服务已经满足不了现代社会的要求,结合互联网的电子化、网络化、数字化的文献信息服务已成为当前图书馆的主流。

第二章 高校图书馆读者服务的理论基础

第一节 服务标准理论

一、服务标准的概述

服务是一种社会现象,广泛存在于社会中,在《现代汉语词典》中,对服务的解释是"为集体(或别人的)利益或为某种事业而工作"。服务活动贯穿于人类社会发展的各个阶段。从广义上说,服务是指一切人类活动。自从人类及人类社会出现以来,人类的每一个个体或群体的每一项活动都是在提供或接受某种性质的服务,都是具有服务性质的活动。在农业社会和工业社会,服务通常与低等或非技术工人所做的佣人性工作联系在一起,直至后工业社会到来之后,随着科学技术的飞速发展,人们生活水平的不断提高,对生活质量的要求也越来越高,服务在社会经济中的地位和作用与日俱增,服务得到人们普遍重视。1960年,美国市场营销协会(AMA)最早正式提出服务的定义:用于出售或者同产品连在一起进行出售的活动、利益或满足感。

国际标准化组织(ISO)在有关服务的相关标准中对服务做出了界定。ISO9004—2:1991《质量管理和质量体系要素第 2 部分:服务指南》对服务的定义是:服务是为满足顾客的需要,供方与顾客接触的活动和供方内部活动所产生的结果(中国社会科学院语言研究所词典编辑室,2005)。ISO9000:2005《质量管理体系基础和术语》认为,服务是无形的,并且是在供方和顾客接触面上需要完成至少一项活动的结果。ISO/IEC 76:2008《服务标准制定考虑消费者需求的建议》对服务的定义是:服务提供者与顾客接触过程中所产生的一系列活动的过程及其结果,其结果通常是无形的。我国国家标准《服务标准化工作指南第 1 部分:总则》(GB/T 15624.1—2011)对服务的定义是:服务是为满足顾客的需要,供方与顾客接触的活动和供方内部活动所产生的结果。服务是不可感知活动,是无形的。格鲁诺斯等人(2000)指出服务是由一系列或多或少、具有无形性的活动所构成的过程,这种过程在顾客与雇员、有形资源的互动关系中进行,这些有形资源(有形产品或有形系统)是作为顾客问题的解决方案提供给顾客的。格罗斯对服务的认知变化非常明显地指出了服务由有形资源构成无形活动的重要特性。综合前人的看法,本书认为服务就是为满足用户的需要，由服务提供者凭借自身的能力（体力、智力、技能、资源），利用一定的手段（工具、设施或设备），通过与用户之间的活动接触为其做事的一系列行动和过程。

标准是对一定范围内的重复性事物和概念所作的统一规定（张铎，2010），而且这种规定常常形成一种文件，称为标准文件。例如，《自助服务终端通用规范》，这种统一的一致性要求就是标准。当事物具有重复出现的特性，就有制定标准的必要。国际标准 ISO/IEC 指南 2：1996《标准化和相关活动的通用词汇》，我国国家标准《标准化工作指南第 1 部分：标准化和相关活动的通用词汇》（GB/T20000.1—2002）都对标准进行了定义，标准就是为了在一定的范围内获得最佳秩序，经协商一致制定并由公认机构批准，共同使用的和重复使用的一种规范性文件。同时指出，标准应以科学、技术和经验的综合成果为基础，以促进最佳社会效益为目的。标准的本质反映的是需求的扩大和统一。NASA 把标准化文件按元素的类型分为六类：标准、规范、手册、指南、规程、法规，并统一称为标准产品。

服务和标准是伴随着经济、文化、社会高度发展而产生的现代社会中两个非常重要的概念，此后，服务标准的研究日益增长，逐渐形成与产品标准相当和相对应的领域。1994 年，国际标准化组织对 ISO9000 族标准进行了修改，将其应用领域从工业扩大至建筑业、服务业等行业，1995 年，第 17 届国际标准化组织消费者政策委员会年会在北京召开，以"服务——国际标准化工作的挑战"为会议主题，1996 年，ISO 第 27 届世界标准日的主题确定为"呼唤服务标准"，在全球开启了服务标准的研究热潮。

国际标准 ISO/IEC 指南 2：1996《标准化和相关活动的通用词汇》对标准化和相关活动的术语进行了说明。我国于 2002 年采用并发布《标准化工作指南第 1 部分：标准化和相关活动的通用词汇》（GB/T 20000.1—2002），于 2003 年 1 月 1 日起开始实施。其中对服务标准做出的界定是：服务标准（service standard），是规定服务应满足的要求以确保其适用性的标准。其后，在我国有关服务标准的国家标准，包括《服务标准制定导则考虑消费者需求》（GB/T 24620—2009）、《服务标准化工作指南第 1 部分：总则》（GB/T 15624.1—2011）《服务标准编写通则》（GB/T 28222—2011）对服务标准概念界定都与《标准化工作指南第 1 部分：标准化和相关活动的通用词汇》（GB/T 20000.1—2002）是一致的。即服务标准就是规定服务应满足的要求以确保其适用性的标准。另外，《服务标准编写通则》（GB/T 28222—2011）规定了服务标准的基本要求：服务标准应根据服务行业的发展现状和特点，以及服务技术条件编写；服务标准应根据顾客需求编写，保护顾客权益，尤其是考虑老年人、儿童、不同文化背景及不同行为能力等特殊顾客的期望和权益；服务标准编写宜考虑安全和环保方面的要求；服务标准编写应确保内容明确、具体和完整；服务标准编写宜尽可能设定一些可量化的技术指标，并确保技术指标的适用性、可操作性和先进性。

二、服务标准的内容和作用

（一）服务标准的内容

由于服务标准是针对某项服务工作应该达到的要求而制定的标准，因而服务标准中最核心的内容就是对要求的描述，这些要求就是服务标准的主题。

国际标准化组织消费者政策委员会（ISO/COPOLCO）制定的 ISO/IEC 76：2008《服务标准制定考虑消费者需求的建议》于2008年发布，用以指导服务标准的制定工作。指南中给出了制定服务标准时通常应考虑的服务要素及其规范主题，见表2-1。

表 2-1　ISO/IEC 76 号指南中的服务标准主题

主题	主题范围
服务提供者	质量管理、环境管理、职业健康安全管理偿付能力和其他财务方面、诚信、能力、社会责任、人力资源
供方	为服务提供者通过支撑的组织应满足的要求
职员	知识、技能和资质、态度、培训
顾客	接受服务顾客应满足的要求
合同	清晰和明确、客观和公平、格式
支付	与支付相关的信息、支付方式、条件
交付	活动说明、可信赖性、隐私、安全、健康和卫生、环境、行为准则、保密
服务结果	满意度、持续改进
服务环境	健康和安全要求、可达性
设备	质量和安全要求、可用性
服务提供者与顾客之间的沟通	沟通方法、沟通内容、沟通频率、易获得性、态度、行为守则、顾客满意度测量
服务组织内部沟通	沟通方法、沟通频率、共享信息

注：资料来源 ISO/IEC 76：2008《服务标准制定考虑消费者需求的建议》

ISO/IEC 76 号指南为全球各国服务标准工作起到了重要的参考作用。全国服务标准化技术委员会（SAC/TC 264）对 ISO/IEC 76 号指南进行了采标，转化成我国指导服务标准的国家标准，即《服务标准制定导则考虑消费者需求》（GB/T24620—2009）。该标准认为制定标准要根据消费者在选择、购买或预约服务、服务交付、服务结束等过程中可能询问的主要问题，指出了这些问题与服务要素之间的关系，具体见表2-2。通过消费者提问可以归纳服务要素包括：服务提供者、沟通、职员、服务环境、设备、合同、支付、交付、服务结果、补救措施。

表 2-2　消费者可能询问的主要问题及相关的服务要素

阶段	消费者询问的问题	服务要素
预约前有关服务提供者和服务的问题	我信任服务提供者吗？	服务提供者、沟通、供方
	我符合接受该服务的条件吗？	顾客、沟通
	我是否从服务提供者处获得了价格、性价比、可选性等方面的足够信息，以便能做出正确的决策？	沟通
	我是否理解信息？信息是否易于使用？信息是足够还是过多？	沟通
	关于服务提供者或服务的某方面影响我的决策吗？	服务提供者、沟通
	服务提供者及其职员对我有礼貌并且帮助吗？	职员、沟通
	我容易联系到该组织吗？	服务环境、设备、沟通
	该组织考虑我的特殊需求和局限吗？	服务环境、设备
有关购买或预约服务阶段的问题	我理解合同或默示合同吗？	合同、沟通
	合同给我提供了足够的信息做出决策吗？	合同、沟通
	我可以清楚预见该服务将给我带来什么吗？	交付、沟通
	我能试用该服务吗？	服务环境、设备、沟通
有关服务交付的问题	我可以采用不同的支付方式吗？是否清晰说明？	支付、服务环境、设备、沟通
	我是否能在预定时间，以预期的方式享受到预期的服务质量？	交付、服务结果、沟通
	服务的提供是否安全、是否尊重我的隐私，且不损害健康和环境？如果不是，我怎样才能获得帮助？	交付、服务结果、设备、服务环境、补救措施、沟通
	是否以礼貌、专业、友善的方式和适当的态度提供了服务？	职员、沟通
有关售后、后期服务的问题	我如何投诉，有可供选择的方式吗？	补救措施、沟通
	我的投诉是否得到迅速、礼貌、专业的处理？	职员、沟通
	如果服务提供者没有解决我的问题，我是否可以请第三方考虑我的投诉？	职员、补救措施、沟通
	如需要，是否提供应急服务？	补救措施

我国 GB/T D15624.1—2003《服务标准化工作指南第 1 部分：总则》将服务标准的内容概括为：服务基础标准、服务管理标准、服务质量标准、服务资质标准、服务设施标准、服务安全卫生标准、服务环境保护标准、保护消费者权益标准，如图 2-1 所示。

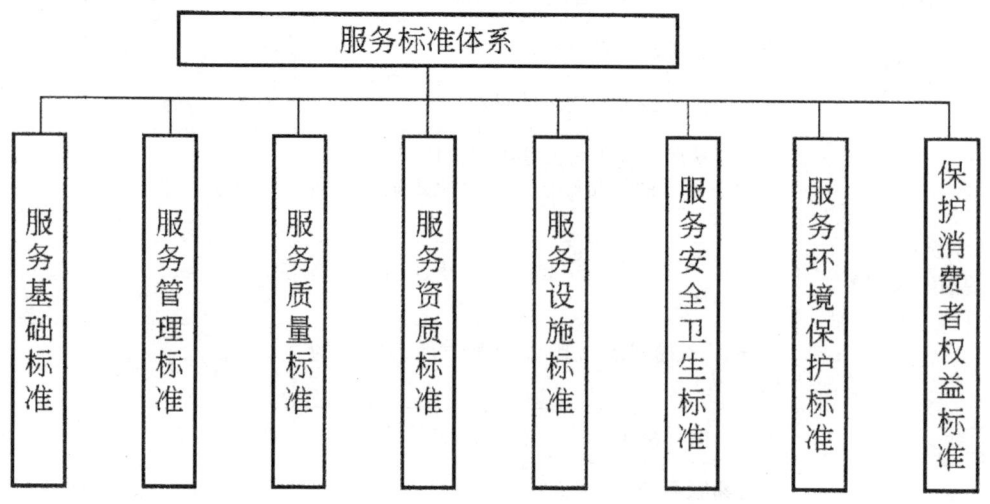

图 2-1　GB/T D15624.1—2003 规定的服务标准体系

我国 GB/T 28222—2011《服务标准编写通则》不对服务标准内容按服务要素进行分类，而是按照服务的动态过程将服务标准内容分为三大类九个小类。三个大类为：服务基础标准、服务提供标准、服务评价标准。具体的标准小类分别为：服务基础标准包括服务术语、服务分类、服务标识与符号三个小类；服务提供标准分为服务提供条件、服务提供过程、服务质量三个小类；服务评价标准分为顾客满意度、服务分等分级、服务质量评价三个小类。2011 年修订的 GB/T D15624.1—2011《服务标准化工作指南第 1 部分：总则》也采纳了这一分类体系。

此外，GB/T 24421.2—2009《服务业组织标准化工作指南第 2 部分：标准体系》确定了服务业标准体系由服务通用基础标准体系、服务保障标准体系、服务提供标准体系三大子体系组成。服务通用基础标准指服务业组织内被普遍使用，具有广泛指导意义的规范性文件。服务通用基础标准是其他标准制定和实施的基础，不受服务业组织的行业类型、运行模式、技术水平等因素的限制。服务保障标准指为支撑服务有效提供而制定的规范性文件。服务提供标准指为满足顾客的需要，规范供方与顾客之间直接或间接接触活动过程的规范性文件。服务通用基础标准体系是服务保障标准体系、服务提供标准体系的基础，服务保障标准体系是服务提供标准体系的直接支撑，服务提供标准体系促进服务保障标准体系的完善。

服务标准是世界趋势，图书馆服务标准应当符合服务标准的总体要求，并能够指导规范图书馆服务的合理开展和运行。通过对上述国际或国家有关服务标准内容的规定，可以发现，服务标准化工作的开展必须重视对消费者的考虑及服务的过程，服务标准内容必须对服务的提供方、服务的接收方、服务的过程以及服务的效果做出规范，其他诸如服务的资质、服务的设施、安全卫生等也都能涵盖在其中。

（二）服务标准的作用

服务是为满足顾客需求，服务提供方与服务需求方之间的活动。标准是服务开展双方共同使用和重复使用的规则，通过标准的制定和实施实现双方的最佳利益及社会效益。服务标准就是规范服务双方的思想、行为，通过标准提高服务提供者的服务水平，提升服务品质，满足服务接受者的需求的规则。因此，服务标准具有重要的作用。

通过服务标准的制定和实施，首先，明确了进入服务领域的准入条件、准入程序，以及服务过程中的监管方式等，从而建立了健康有序的服务制度体系，形成了确保服务正常开展的制度环境。其次，通过服务标准，能以硬性方式形成对服务的约束，避免了服务"无法可依"的状态，便于对服务进行控制，实现优质服务。再次，通过服务标准，还能对服务从业人员进行资质、资格和能力方面的约束，提高了服务从业者的门槛，促进服务人员加强自身道德修养、知识能力、服务技能等。最后，服务标准有助于改进管理，合理配置各种资源，挖掘服务提供者的潜力，增强其活力，提高其素质，实现服务的内涵式发展。总的来说，服务标准有利于规范服务秩序，提高服务人员素质，增强服务者的能力，提高服务水平。

第二节　图书馆服务理论

一、图书馆服务的内涵及特征

《中国大百科全书·图书馆学、情报学、档案学》对"图书馆服务"的描述是"图书馆服务是图书馆利用馆藏和设施向读者提供文献和情报的一系列活动，有时也称图书馆读者工作"（中国大百科全书总委员会《本卷》委员会和中国大百科全书出版社，1993）。图书馆服务的外延是"现代图书馆不仅通过阅览和外借的方法为读者提供印刷型书刊资料，而且还提供缩微复制、参考咨询、编译报道、情报检索、情报服务、定题情报检索，以及宣传文献情报知识的专题讲座、展览等服务"。《新编图书馆学情报学辞典》对图书馆服务的界定是，"图书馆服务是为履行其职能，围绕文献与读者而开展的一系列工作，是图书馆活动的组成部分。特指组织读者利用图书馆资源的各种活动，包括读者服务、读者培训、读者研究及相关政策制度与组织管理等"。这些概念为我们指出了图书馆服务的活动类别。王世伟认为图书馆的服务是图书馆工作者以建筑设施、技术设备、文献资源为依托，以真挚的情感、聪明的才智和自觉的行动为代价，提供适合于满足读者对知识、信息需求和心理满足的劳动活动及活动所产生的结晶。柯平提出，图书馆服务是为满足读者和社会需求，利用图书馆的文献信息及其他各种资源，实现图书馆使用价值的全部活动。该观点指出了图书馆服务包括三大要素：一是对象，即读者与社会；二是内容，即利用图书馆的资源；三是目标，即实现图书馆使用价值。

1. 图书馆服务的内涵

在服务的内涵基础上，提出图书馆服务的内涵为：①图书馆服务以图书馆用户为中心，以满足用户的需求为目的，服务的产生由需求开始，服务的存在是为了实现用户的需求。②图书馆服务提供者必须具有一定的能力，掌握一定的服务手段才能实现服务目标。服务提供者的能力既包括体力和智力上的能力，又包括服务的技能和所拥有的资源，服务提供者的服务手段包括必要的软硬件、操作流程、工具、服务设施和设备，这些主要以有形资源形式呈现。③服务的过程就是服务供需双方的接触过程，通过一系列服务活动来实现，具有无形性的特征。④服务的结果是满足用户需求，通过服务过程实现服务结果，且这种结果通常也是无形的。

为了实现图书馆服务目标，图书馆服务必须包含的基本要素有：①图书馆用户，即服务需求者，他们产生和提出服务需求，既是服务流程的起点，又是服务流程的终点。②图书馆服务提供者，提供服务的个人或组织，以满足用户需求为宗旨。③图书馆服务能力，图书馆应具有提供服务所需的资源，并能够通过一定的流程或程序实施服务。④图书馆服务接触，是图书馆与用户之间为了实现服务需求的彼此交互过程，图书馆服务具有服务的一切特征。

2. 图书馆服务的特征

（1）图书馆服务的无形性

与有形产品相比，无形性是服务的最大特点。服务是表现、行动或过程，所以无法在购买和使用前凭借感知器官来感觉、看到或触摸服务的特性并以此判断服务质量的优劣，只能在购买服务后，通过使用服务的过程进行感官上的认识和感觉。图书馆服务也具有这种无形性，图书馆用户在选择和使用服务前对于服务具有一定的盲目感，对图书馆服务的认可与否只能通过使用服务后做出评价。无形性造成了图书馆服务的信息不对称，不易向用户展示图书馆服务，也不易与用户进行沟通，用户无法通过直观的外在信息感知服务。虽然优质的图书馆服务会令用户感到愉悦，令人不满意的图书馆服务招致用户的抱怨和投诉，但对于本次服务而言，只是在事后做出的评价。因此，为了增加用户对图书馆服务的认识，必须通过其他方式事先将图书馆服务的具体情况传递给客户，图书馆主动对服务做出标准规范便是一种有效的信息传递方式。

（2）图书馆服务的异质性

服务的提供是依靠服务提供者与用户接触而产生的，服务主体和服务对象都是人，每一个人都具有自身个性，服务的品质既受到服务提供人员的素质差异的影响，又受到客户个性特色和个体需求的影响。不同素质的服务者会产生不同的服务效果，同样的服务者为不同要求的客户服务也会产生不同服务质量效果。服务的行为几乎不可能完全一样。服务的异质性因而产生。服务的这一特性要求图书馆重视服务规范，提高馆员自身素质，通过制订服务标准对服务的构成成分和服务质量做出统一认定，加强与图书馆用户对服务要求的沟通，全面实施服务标准，尽量保证服务的一致性，并赋予图书馆员适当权力处理用户的个性化要求，从而提高服务质量。

（3）图书馆服务中生产和消费的同时性

有形产品从原材料采购、生产加工、物流运输到分销销售，按照流程发生在不同的时间和地点，是异时的。服务的产生过程就是客户使用的过程，服务的生产和使用消费同时发生，服务生产与服务消费同时伴生，相互依存，不可分离。对于图书馆而言，服务的质量，用户对服务的满意与否都是在服务的过程中产生的，依靠的是服务的交互过程，这个过程包括了图书馆员之间、馆员与用户之间的行为。低质量的服务将造成无可挽回的后果。因此，提高图书馆服务质量不是临时的工作，而要事先做好充足的准备，提升馆员服务素质，保障服务能力，统一服务要求，制订服务准则，才能在为图书馆用户提供服务的过程中将优质服务传递给他们。同时还意味着图书馆服务要重视时间开销。由于服务是实时传递的，用户必须在现场接受服务，时间（包括搜索图书馆服务、等待图书馆服务、使用图书馆服务的时间）将全部被列入成本，因此，提高用户对图书馆服务质量的感知，必须通过规范的服务要求实现迅速服务，主动服务。

（4）图书馆服务的不可储存性

顾客在购买有形产品后可以自主选择使用的时机，可以不立即使用而通过合理的方式储存起来，待需要时再使用。图书馆服务的生产和消费是同时发生的，提供者提供服务的过程不可能储存起来待今后使用或转让给他人使用，服务生产过程的结束就代表其消费的完成。图书馆服务具有的同时性也造成服务消费的过程不可储存，因此，重视图书馆用户的服务体验，重视服务过程，重视每一个服务环节成为提高图书馆用户满意度的重要途径。通过图书馆服务标准的制订与实施，促使图书馆员重视每一次的服务提供，认真对待每一个服务环节，按要求保质保量地提供规范的服务。

（5）图书馆服务的用户参与性

对于有形产品来说，客户就是整个产品供应链的末端，意味着产品最终到达客户，客户只能够购买产品和消费产品，无法参与本次产品的生产过程。但对于服务而言，由于其生产与消费不可分割，同时发生，因而服务通常需要客户参与其中。因此，图书馆服务质量不仅受到馆员影响，还受到来自用户的影响。图书馆用户如何参与服务，用户是否能熟练地参与服务过程都将对服务造成影响。这就要求图书馆对整个服务进行合理规划与设计，不仅对图书馆管理员提出要求，对图书馆用户也需要提出相应的要求，进行一定的指导。当然，用户在图书馆服务过程中是否能履行自己的职责往往受到服务提供过程环境的影响，如果服务环境的设计符合用户需要，就能够提高用户的感知服务质量和参与服务的程度。

（6）所有权的不可转让性

有形产品是一种物品，消费者付出一定的代价购买产品就获得实有的物品，产品的所有权从产品提供方转移到了客户。服务是一种行为或过程，在生产和消费的过程中并不涉及物品所有权的转移,服务在交易和消费完成后便消失了。例如,在图书馆享用阅读服务,并不意味着可以将图书馆图书占为己有。

图书馆服务所具有的特性来自服务本身,这些特性启示图书馆管理者和研究者重视图书馆服务,加强图书馆服务规范的研究和应用,通过有形实在的服务标准图书馆向用户传达无形隐蔽的服务信息,促进图书馆服务双方的有效沟通,提高图书馆服务质量和用户对图书馆服务的满意程度。

二、图书馆服务的类型

依照不同的划分标准,服务可以有不同的分类,由此决定了图书馆服务的类型。按照服务工具的区别,服务可以分为以机器设备为基础的服务和以人为基础的服务,图书馆服务二者兼而有之,设施设备和图书馆员是开展图书馆服务的必要条件。按照服务活动的本质,服务可以划分为作用于人的服务、作用于物的服务,图书馆服务主要是作用于人,即图书馆读者的服务,即使对图书、文献进行处理加工也是为了满足读者对图书资料或信息的需求。按照服务组织与客户的联系状态可以分为连续性服务和非连续性服务,图书馆用户在需要时使用图书馆服务,因此属于非连续性服务。按照作用于服务组织的目的和所有制的区别可以划分为营利性服务、非营利性服务、私人服务和公共服务,总体上,图书馆服务属于非营利服务。按照服务提供的形式可以分为提供实物的服务、提供信息的服务以及提供知识的服务。图书馆向用户提供服务的形式可能是三者之一,也可能是三种的任意组合,如图书借阅主要是提供实物,导读服务则既要提供实物又要提供一定的信息,而学科咨询服务则以提供知识为主。随着用户需求的改变和图书馆服务能力的提升,图书馆越来越多地向用户提供知识,知识服务已成为当今图书馆服务的一大趋势。图书馆服务类别也可以按照图书馆类型来划分,主要包括公共图书馆服务、高校图书馆服务、国家图书馆服务、学校图书馆服务、专业图书馆服务、企业图书馆服务等。

当然,图书馆服务分类最常见的方式是按照图书馆提供的服务内容进行划分的,随着计算机技术、声像技术、通信技术等在图书馆的广泛应用,图书馆服务手段日益多样化,图书馆服务内容也不断增加。常见的图书馆服务内容有:阅览、外借、缩微复制、参考咨询、编译报道、文献传递、情报检索、定题、专题讲座、展览、自助等服务。不同类别的图书馆,其服务内容具有一定的侧重点。

《普通高等学校图书馆规程(修订)》指出,高等学校图书馆是学校的文献信息中心,是为教学和科学研究服务的学术性机构,是学校信息化和社会信息化的重要基地。高等学校图书馆的工作是学校教学和科学研究工作的重要组成部分。高等学校图书馆的建设和发展应与学校的建设和发展相适应,其水平是学校总体水平的重要标志。高校图书馆隶属于特定高等教育机构,为所属高校的师生、科研人员或其他相关人员和机构提供服务(于良芝,2003),其服务工作以最大限度地满足读者的需要,为学校的教学和科学研究提供切实有效的文献信息保障为目标。

20世纪90年代初，随着计算机、现代通信、网络、多媒体等技术的发展，为了满足用户对信息资源的各种需求，高校图书馆着力改变原有提供文献借阅的服务模式，对其服务方式和服务内容做出了许多新的尝试。美国田纳西大学、伊利诺伊大学香槟分校、布莱恩特大学、德雷塞尔大学等共同从科研、教学等多个社会化和专业化领域开展了高校图书馆的价值研究的UVR项目，在该项目中，高校图书馆服务被归纳为以下11类：①期刊、图书及其他出版物的访问服务；②网络设备、视听设备等软、硬件设施地提供服务；③馆际借入服务；④馆际借出服务；⑤参考咨询和学术研究支持服务；⑥指导性服务，如嵌入课堂教学；⑦公共宣传服务，如馆内电视宣传和实时通信宣传；⑧空间服务，如提供工作室和项目活动空间；⑨客户端远程访问服务；⑩复制和传送服务；⑪对校外用户的敞开性服务。现代大学图书馆面向师生日益增长的学习、研究和学术交流的需求，已经不仅成为社会化、多功能、综合性的学术中心、信息中心和文化中心，更成为健康、舒适、开放式的学习、交流和社交场所，有利于用户的学习和休闲活动。

三、图书馆服务的要素

（一）来自服务理论分析的要素

服务是多种多样的，服务的多样性是由服务要素的不同组合决定的。服务要素是构成服务、使服务能够达成用户需求的各种要素，如服务设施、服务环境等。在前面分析图书馆服务内涵时，曾总结了图书馆服务实现的基本要素包括：①图书馆用户；②图书馆服务提供者；③图书馆服务能力；④图书馆服务接触。除了这些基本要素之外，为了构建图书馆服务标准体系，还要从服务理论中挖掘更多的相关要素。

服务理论认为，服务要素除了基本要素还包括服务环境、合同、支付、交付、设备、预防性措施和沟通。决定服务是否能够达成最重要的因素当属服务能力。服务能力是指服务满足顾客和相关方明确和隐含要求的一组固有特性的能力。服务能力包含服务提供能力。决定服务能力的服务特性是指根据该项服务所需实现或具有的功能及其相关要求，如图书馆提供的文献传递服务具有及时性就能体现图书馆服务能力。服务特性应在服务提供前加以确定。服务特性具有以下显著特点：服务结果取决于服务提供的员工质量和管理；服务过程直接面对客户；服务有若干不同的特性，互相制约，相互影响，如图书馆向用户提供信息的及时性和全面性是互相制约的。作为服务能力的特性，所有的服务特性应该是能评价的，评价的依据有两个，即客户的需求和组织的规定及标准。服务特性的评价就是将服务提供过程、结果与服务组织有关的规定、标准和顾客的需求进行比较。服务提供者的服务能力必须保持相对的恒定性，在服务要求文件中可能指定的服务特性实例包括：①设施、能力、人员的数目和材料的数量；②等待时间、提供时间和过程时间；③卫生、安全性、可靠性和保密性；④应答能力、方便程度、礼貌、舒适、环境美化、胜任程度、可信性、准确性、完整性、技艺水平、信用和有效的沟通联络。服务提供的规范需要做出具体的规定。从服务本身的作用机制来看，服务是由服务提供者为满足客户而提供的内容，是由一系列动作环节组成的过程，服务的生产和消费是同时进行的，用户感知服务质量往往也是发生在同时进行的生产和消费的交换作用和交互过程之中。因此，服务交互是服务中的重要问题之一。美国研究者最早提出服务中的交互问题，将其称为服务接触，意思是"顾客与服务提供者之间的动态交互过程"，不过，他们认为"服务接触是服务双方的角色表演，顾客和员工各自承担自己的角色"，服务接触局限于顾客和员工之间的人际接触，因此他们提出的服务交互是比较狭义的交互。基于服务接触概念，肖斯塔克提出服务交互概念，既包括服务人员与顾客的交互，又包括顾客与设备和其他有形物的交换。同时顾客之间也存在相互交互，而且这种交互还会直接影响顾客对服务过程的评价，直接影响顾客感知的服务质量。另外，实践应用中服务要素中的服务交互也常被称为服务提供，不过，服务交互更强调双方作用机制，突出服务双方的参与，相比之下，服务提供强调单方面作用机制，突出提供方的服务能力。服务交互是一个抽象概念，图书馆服务交互是指在图书馆服务过程中的服务接触面，包括馆员与用户的接触面、用户与图书馆物品（包括实体和电子的资源、设施设备等）的接触面、用户与用户之间的接触面。对图书馆服务交互的要求可以转化为对馆员的服务意识和服务技能的要求，为用户利用服务的意识以及与馆员和其他用户协作的能力的要求。

另外也有研究者认为服务实质上体现的是客户需求的价值，因此，将服务包含的要素统称为服务包。服务包是指服务产品是各种有形服务和无形服务的一个集合或者组合，非常形象地道出服务产品就如同一个包裹，涵盖了各种服务，也被称为顾客的价值包。当服务提供者为用户提供服务时，并不仅仅指该服务本身，还包括为了完成服务而具有的各方面特性，因此，服务包的组成要素通常包括：①支持性设施，是服务时必需的物质资源，即服务设施，主要包括建筑、空间、环境、本设备等，如图书馆的阅览室、阅览座椅、书库、照明灯等；②辅助物品，是指客户为了享用服务而购买和消费的物质产品，或顾客自备的物品，如图书馆的纸笔、查新报告等；③显性服务，是指可以感官察觉的、为客户提供的基本或具有本质特性的服务利益，是服务包的核心要素，如用户在图书馆借到了想看的书，通过图书馆数据库查到了想要的论文；④隐性服务，是指客户在服务中体验到的精神状态，是服务的本质特性，如用户在图书馆阅览图书时感受到图书馆安静的氛围，借书时感受到馆员友好的服务态度。以上四类要素构成了服务，其中，显性服务是客户真正需要的内容，其余三者起到辅助作用。服务包的每一方面都会影响用户对服务的感受和体验，从而影响用户对服务做出的评价。

（二）来自图书馆服务研究的要素

为了进一步挖掘图书馆服务要素，本书将从图书馆服务研究的文献中提取服务要素。采用文献计量法，从中外文数据库有关图书馆服务的论文中提取图书馆服务要素，主要采用引文网络分析法和共现聚类分析法。

一是引文网络分析法。每一个研究领域都是不断地由知识积累和知识扩散形成的，具体表现为科学文献间的引用，通过对引文网络的分析，可以追溯领域发展的历史，追踪学科的热点和研究方向、评价科学的发展趋势。普赖斯最早应用引文网络关系来探测领域知识结构和变化。后来，哈蒙和多莱尔提出识别出引文网络中具有最大连通度的系列文献称为主路径。主路径是承载领域知识扩散的核心通路。基于主路径分析的核心通路，便可以以主路径为种子文献，对引文网络基于弧线值聚类，利用弧线值的相似性将相关文献聚集成小群体，即主题岛，从而可以通过对主题岛的主题分析得到领域发展过程中的主要研究范畴。

二是共现聚类分析法。相同特征项共同出现在多篇论文中的现象称为共现，如多篇论文共同出现的关键词、共同出现的合作者、共同出现的合作机构等。对共同出现的特征项进行分析从而反映论文之间的关联则称为共现聚类分析。共现聚类分析法中最常见的是共词分析，又以关键词共现聚类使用最广泛。

不过，需要说明的是，由于软件工具的限制，目前还只能对外文数据库检索的引文数据开展引文网络分析，因此，本书将对外文数据库通过引文网络分析和关键词共现聚类提取服务要素；对中文数据库则以关键词共现聚类提取服务要素为主。

四、图书馆用户满意及服务质量理论

与图书馆服务关联最密切的当属用户，图书馆服务的产生、存在及不断发展，皆源于用户的信息需求及其满足，因此，以用户需求为图书馆服务的起点，以用户需求满足为图书馆服务的目标是图书馆服务的最基本导向，提供高质量的服务是图书馆服务标准的最基本准绳。

用户满意概念来自营销学的顾客满意，ISO9000:2000标准对顾客满意的界定是"顾客对其要求已被满足程度的感受"。图书馆用户满意是指用户对其要求得到图书馆满足程度的感受。对满意的测度就产生了图书馆用户满意度，是指用户对图书馆提供服务的满意程度，是用户在接受图书馆一次或多次服务经历的内心感受和主观评价，提供用户接受服务的可感知的效果与其期望值比较进行测定。在对图书馆用户满意度的研究中，研究者分别分析了影响因素或构建了测度的指标体系，这些指标体系或因素指出了图书馆服务通过哪些方面的努力能提高用户满意度。从中能提取符合用户期望的图书馆服务标准要素。

科里奇和哈西德考察了高校图书馆后提出环境是影响高校图书馆用户满意度的重要指标，具体影响因素包括隐私、个人空间、领土权和拥挤程度。另有研究认为服务质量和用户满意度是相互影响的，影响用户满意度的最主要的五大因素为：图书馆工作人员愿意帮助用户，在线查询响应，图书馆工作人员积极并及时提供服务，图书馆建筑和标识是清晰的，图书馆工作人员是友好和礼貌的。初景利提出影响用户满意度的因素主要有资源状况，即资源是否丰富，资源是否容易获取；馆员状况，即图书馆员的知识水平、服务水平、工作效率和工作态度；环境状况，即环境整洁、美观、舒适；用户自身状况，即对利用图书馆的认识、利用文献资源技能的掌握程度。王向锋和杨玖波认为影响高校图书馆用户满意度的主要因素可以总结为4P，即服务提供者（Provider，包括人员、设备、图书、数据库）、服务过程（Process，包括服务态度、服务的及时性、经济性和先进性、服务项目的多少、个性化服务）、服务接受者（Patron，包括用户特征和获取信息的能力）及服务场所（Place，如馆内的布置、摆设与空间的大小、环境舒适、优美、整洁、安静）。鞠建伟和梁花侠从工作人员、文献资源、服务方式、环境、设备、服务结果六个方面总结了用户满意的服务要求指标，其指标体系中考察的主要是工作人员的可信、可靠和亲和性，与其他研究者的观点有所区别。高雯雯等人主要从服务（服务效率、服务方式、服务时间、服务态度）、文献、设备、环境提出了读者满意的指标体系。为了实现用户满意，研究者们提出的用户满意度指标体系都共同强调了图书馆环境、图书馆设备、图书馆资源、图书馆人员。任红娟和赵伯兴提出的指标还包括信息系统、人员的服务能力、用户的期望、用户的需求等，详见表2-3。

表2-3 图书馆用户满意度指标

一级指标	二级指标
信息产品	馆藏资源丰富
	信息产品的可获取性
信息系统	系统响应速度
	界面的友好性
	资源的整合程度
人员的服务能力	提供服务的准确性
	提供服务的及时性
	提供服务的全面性
	工作人员的操作能力
	工作人员与用户交流能力
	工作人员的服务态度
用户的期望	用户对信息产品和信息系统的期望
	用户对信息服务的期望
用户的需求	用户对信息产品和信息系统的需求
	用户对信息服务的需求
图书馆的服务环境	图书馆的布局是否方便用户寻找
	图书馆的氛围是否安静、整洁，有文化氛围
	图书馆是否具有空调、暖气、饮水等设备

图书馆服务质量模型的研究来源于质量管理领域。最具代表性的服务质量模型 SERVQUAL 是 20 世纪 80 年代末依据全面质量理论提出的、由顾客填写的服务质量评价体系（调查问卷）。该体系由 22 个陈述项构成，根据服务质量差距模型，每个陈述项分别从特定角度，同时测度着顾客对服务的最低期望水平、理想期望水平和感知到的水平。服务质量取决于用户所感知到的服务水平与用户所期望的服务水平之间的差别程度，因此 SERVQUAL 也被称为期望—感知模型。这 22 项陈述分别测度着五个方面的质量指标：可靠性、响应性、保证性、移情性、有形性，见表 2-4。

表 2-4 SERVQUAL 项目组成表

项目	内涵
可靠性	代表可靠与正确的执行已承诺的服务的能力；可信赖的服务绩效是顾客的期望；意味着每一次都能够准时、一致、无失误的完成服务工作
响应性	代表立即提供服务的意愿；让用户等待会造成不必要的负面认知，当服务失败发生时，专业而迅速地恢复服务给用户的正面认识
保证性	代表员工的知识、礼貌，以及信任与信息的能力。其特征包括：执行服务的能力、对顾客应有的礼貌和尊重、与顾客有效的沟通，以及实时关心顾客的最佳利益
移情性	代表提供用户个性化关心的能力。此维度的特征包括：平易近人、对用户需求敏感度高
有形性	代表实际的设施、设备、员工，以及外在的沟通材料。这些有形的东西是对用户关心的显著证明

20 世纪 90 年代后，服务质量模型在图书馆服务领域得到了广泛的应用，在 SERVQUAL 体系基础上开发出了专门用以评价图书馆服务质量的 LibQUAL+T。LibQUAL+TM 衡量的是图书馆服务质量水平。ARL 和得克萨斯 A&M 大学合作，以 SERVQUAL 为基础，采用了 SERVQUAL 的工作原理和评价方法，通过反复进行读者调查将新发现的质量方面问题融入 SERVQUAL，进行不断的修订，提出了 LibQUAL+TM，现已成为图书馆界常用的工具。从 2000 年开始，ARL 利用 LibQUAL+TM 对 12 所大学图书馆进行服务质量测试，取得了比较理想的结果，同时也反映出指标存在的一些问题，因此，在实践应用中 ARL 对其进行多轮实验、修正，以使 LibQUAL+TM 更加突出对图书馆的适用性，覆盖图书馆服务的各个领域。

杨志刚等人认为图书馆服务质量可以从图书馆和用户两个角度来衡量。前者通过图书馆标准，也就是图书馆内部的各项规章制度来体现，能够被感知和具体执行，被称为显性标准（或客观标准）。后者指图书馆用户对服务的期望水平，不易体察，不可预知，称为隐性标准，也叫主观标准，二者之间存在正差距、零差距和负差距，可以通过事前与事后两种方式相互转化，图书馆服务工作的重点就是对隐性标准的识别与外化，使服务最大可能接近用户的期望；他们通过研究证明用户体验的图书馆服务质量可以转变为实现确定的图书馆标准，如图 2-2 所示。

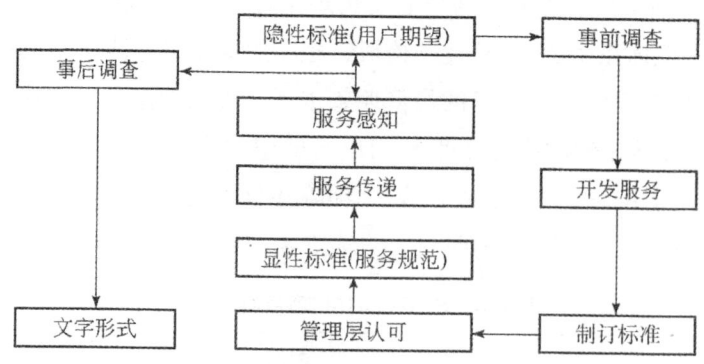

图 2-2　隐性标准向显性标准的转化 48

根据转化模型，Kano 模型可以实现隐性标准的事先识别和外化，通过 LibQUAL 模型实现隐性标准的事后识别和外化。杨志刚等人还阐述了如何更好地改进两种模型的问卷更好地收集调查数据，从而更好地将隐性质量标准转化为显性质量标准。根据 Kano 模型设计的 Kano 问卷包括 23 个问题。问项"1、图书馆员接待热情友善""2、图书馆员仪表整洁，行为举止文明得体""3、图书馆员能够正确理解您的需求，并提供可信答复"体现的是对馆员的态度、职业素养等方面的要求。问项"15、图书馆环境舒适、整洁、安静，充满文化氛围""16、馆内设置各种指引标识""18、馆内提供必要的设备（网络环境、计算机、打印机等）""20、馆内温度（空调和暖气）、饮水、卫生间、通风、安全等方面条件适宜"反映了对图书馆环境方面的要求。问项"19、允许您远程（在办公室、家中或宿舍）获取馆内电子资源""11、图书馆网站对其他资源（如课件、试用数据库、免费网络资源、娱乐资源等）进行集成与管理"体现了图书馆服务方式的要求。问项"5、图书馆帮助您及时获取最新电子资源信息""6、图书馆满足您在交叉学科学习和研究方面的需求""8、图书／期刊（包括电子版）收藏齐全，能够满足您的需求""9、光盘可以借阅""10、图书馆网站对网络学术资源整合，提供统一检索平台"反映了对图书馆资源方面的需求。问项"7、图书馆及时回复您对图书馆工作提出的批评和建议，并改进工作""4、图书馆开设利用图书馆和文献检索方面的各种培训讲座或课程""17、馆内提供联合目录检索""12、开展参考咨询服务（包括实地、邮件、网上即时咨询）""13、开展馆际互借和文献传递服务""14、提供科技查新服务""21、适当延长开馆时间""22、馆内设置自习室""23、馆内设置供团队学习、研究用的单独空间"反映了对图书馆服务内容的要求。

归根结底，图书馆服务质量和用户对图书馆的满意程度都是来源于图书馆服务的。无论高校图书馆是否对服务进行了明确的明文规范，图书馆服务总是根据一定的服务要求来开展的，达到一定的服务质量。因此，从这个意义上，可以根据已经较为成熟的图书馆用户满意和服务质量体系来反推出图书馆服务标准，从它们的因素来反推出图书馆服务标准的具体要素。本书根据上述对用户满意和服务质量的研究分析，归纳出图书馆服务应关注的规范要求包括：服务设施设备标准、服务资质标准、员工、职业素养、服务能力、服务态度、服务沟通、个性服务关注、服务补救，主要反映出服务提供过程的要求和规范。

五、高校图书馆服务的作用

（一）支撑教学

教书育人是高等学校的首要任务，是社会衡量高校办学质量的重要指标。高等学校通过教学培养高层次人才，对提高社会文化素养具有重要作用。因此，支撑教学是高校图书馆的主要功能之一。一般而言，高校图书馆可以为教学提供教学的场所，提供教学资源，如教材、参考资料等。在现代信息技术的支持下，高校图书馆提供的教学帮助更为丰富、全面和及时。除了数字化的文献资源，教学相关的音视频材料都可通过图书馆提供给师生，从而支撑教学全过程。

（二）支撑科学研究

除了教学，高等学校的另一主要任务就是开展科学研究，高校图书馆应支持所在高校各个学科的科学研究。科学研究的起点有赖于及时准确的信息，高校图书馆通过收集科技动态信息、国家战略规划、学科前沿、市场需求信息等为科学研究提供论证依据。图书馆还拥有支持科研全过程的丰富的信息资源和多种形式的信息服务。图书馆不断扩展学术信息交流空间，组织学术探讨和咨询，为科学研究提供必备的条件。

（三）支撑学习

学生是高校的主体，支撑学生学习是高校图书馆的职责所在。高校图书馆通过图书馆实体为学生提供学习场所和学习氛围，通过图书馆丰富的文献信息为学生提供学习资源，通过图书馆服务为学生提供学习辅助。学生是未来社会的主体，高校图书馆为学生提供的学习服务将对其未来人生产生潜移默化的影响。培养学生利用图书馆的学习习惯、学习方式，将促进他们的终身学习，提高社会成员的文化素质。

（四）支撑文化传播

高校图书馆除了服务本校师生外，为社会服务也是高校图书馆的义务，在高校图书馆为社会服务的范畴中，文化服务是其主要功能。《普通高等学校图书馆规程（修订）》中指出有条件的高等学校图书馆应尽可能向社会读者和社区读者开放。高校图书馆通过其所在地的社区向社区居民进行宣传，动员他们使用图书馆的资源，举办讲座、展览等，向他们传播文化。高校图书馆还应与当地的政府、企事业单位联合发挥文化服务功能。例如，向它们捐赠图书、软件、设备，建立地方文献库和专题库，为企事业单位提供定制信息服务，提供智力和人力支持，将高校图书馆的文化资源输送到更多公众手中。

高校图书馆服务应发挥的作用是高校图书馆组织信息资源和提供服务的根据，依据高校图书馆服务作用制订的服务标准能准确反映用户需求和图书馆目标，不仅成为判定资源和服务合格与否的依据，而且还能够促使高校图书馆重视服务、改善服务、提高服务质量。高校图书馆采取规范统一的服务制度、服务技术和服务程序，合理使用图书馆人力、物力、财力资源，部分服务效率通过指标可以进行量化，使图书馆服务功能达到最佳，从而在既定投入的情况下提高工作效率，保证图书馆的服务达到最佳的秩序和质量。

第三节　图书馆标准化理论

一、图书馆标准的内涵

我国对图书馆标准的认识源于20世纪对图书馆工作规范化、现代化的认识，认为图书馆标准化是指对图书馆行业的发展、图书馆业务技术方法，以及设备用品等实行统一的规范。它是图书馆行业现代化的前提，主要包括：图书馆行业标准化、文献分类标准化、文献著录标准化、名词术语标准化、情报检索语言标准化、机读目录款式与结构标准化、缩微制品标准化以及各种设备用品标准化等。我国于1979年11月7日成立了全国文献工作标准化技术委员会，专门从事图书、情报和档案等方面的标准化工作，相继制定了有关标准。1990年，《中国百科大辞典》对图书馆标准化做出了正式的定义，图书馆标准化是指主要对图书馆业务技术方法，以及设备用品等实行统一的原则或规范。其内容包括文献分类的标准化、文献著录标准化、名词术语标准化、情报检索语言标准化、机读目录款式与结构的标准化、缩微复制品的标准化等，是实现图书馆现代化的前提。研究者也认为图书馆的标准化管理体系一般由工作标准和管理标准两部分组成，其中最主要的是文献工作的标准化，文献工作标准化的范围是情报工作、图书管理业务和有关信息服务，同时还包括应用于文献工作的信息系统和互换网络系统的标准化，包含以下两类标准：其一是基础标准，包括文献工作名词术语标准；文献工作代号代码标准；文献工作缩写标准等。其二是用于图书资源检索和报道用的服务性标准，由检索刊物标准；出版物格式标准；代号代码类标准；缩微、摄影技术标准；机读形式文献目录；记录交换格式标准等组成。在加强高校图书馆标准体系方面，滕德斌认为图书馆员要做好文献、信息服务工作，不仅要熟悉本行业的国际、国家标准，还要熟悉图书馆内标准。其中馆内标准化工作的措施主要包括以下两点：一是开展图书馆的标准化管理工作的宣传教育，不断提高图书馆工作人员的标准化工作意识；二是不断建立、健全完善标准化管理各项规章制度和标准，而且要在工作中以这些规范和标准作为行动的准则，为读者提供优质服务，这一观点无疑是正确的，但其在这里将服务划归到文献工作标准化，认为服务标准属于文献工作标准只是反映了20世纪图书馆活动的情况，即当时的图书馆活动以文献工作为主，服务性能还不突出。

由此可以看出研究成果只能反映出在当时条件下人们对图书馆标准的认识，集中在图书馆业务工作方面，都没有涉及图书馆服务的标准规范，在今天看来，已经难以反映图书馆标准的全部内涵。

根据前面内容对标准的概念界定，本书对图书馆标准做出如下定义：图书馆标准就是为了在图书馆工作的范围内获得最佳秩序，经协商一致制定并由公认机构批准，共同使用的和重复使用的一种图书馆规范性文件。图书馆标准的内涵包括：①获得图书馆活动的最佳秩序、促进图书馆和读者的最佳共同效益是制订标准的根本出发点和最终目标；②图书馆标准是经公认的权威机构批准，在一定范围内规范图书馆活动；③图书馆标准已经从业务领域延伸到图书馆全部活动中；④图书馆标准所反映的不是局部的片面的经验，而是一定范围内普遍共同的经验和利益，既有可能是来自于同一类型图书馆的普遍经验，也有可能是出自对一定地域范围或行政级别图书馆经验的总结；⑤图书馆标准是对同一事件重复多次出现的性质进行规范，目的是总结以往的经验，选择最佳方案，作为今后图书馆实践的目标和依据，如图书的分类标准就是在一定范围内通用的反复出现的事物；⑥制订图书馆标准要将理论研究成果、新的科学技术与实践中经验相结合，经过分析、筛选、对比、综合而形成。图书馆标准是对图书馆工作的科学、技术和经验加以理解、提炼和综合概括而形成的。

二、图书馆标准的类型

从不同目的和角度可以对标准进行不同分类，常见的分类标识包括按标准的约束力大小、不同制订主体、不同形态等。

人们制订标准的目的强烈性不同，标准具有不同约束力，强制性标准主要目的是保障人体健康和人身、财产安全，对这方面的要求必须由国家法制强制执行。在我国，冠以GB标准代号的都是强制性标准。与强制性标准相对的是推荐性国家标准，其标准代号为GB/T。推荐性标准不强制执行，而是自愿执行，但具有指导性。图书馆标准都是属于推荐标准。图书馆行业协会通常会积极提倡采用推荐标准，由各个图书馆自主决定是否采用该标准。高校图书馆采用图书馆工作推荐性标准的积极主动性主要是来自用户对图书馆的需求，也来自图书馆发展的需要，此外，图书馆界的标准往往和评估结合在一起，在有国家标准或行业标准的情况下，图书馆通常都会采用标准，根据标准调整自身的建设。

制订标准的主体不同，标准覆盖的范围也就不同，按标准制订的主体，标准分为国际标准、区域标准、国家标准、行业标准、地方标准和企业标准。知晓度最高的国际标准为ISO标准，图书馆工作最常参考的国际标准也是ISO标准。国家标准是指由国家标准机构通过并公开发布的标准，国家标准机构按专业对标准划分具体种类，在我国，图书馆标准属于文化行业标准，标准代号WH。覆盖范围最小的标准是企业标准，也是最随机灵活的标准，高校图书馆可以自行研究并制定自己的"企业级标准"。

除此之外，标准还可以划分为标准和标准文件。前者代表标准所要约定规范对象的内容实质，后者是根据标准内容按照特定的编写原则和体例格式所撰写的标准文件，便于人们阅读和使用。然而，最符合图书馆实际情况的标准分类是按照图书馆活动类型划分的。图书馆活动包括管理活动、业务活动、服务活动。图书馆服务标准对应地分为图书馆管理标准、图书馆技术标准以及图书馆服务标准。不过，从图书馆的实际情况及图书馆标准的研究现状来看，大部分标准都是针对业务活动的技术标准，如文献分类标准、文献著录标准、都柏林核心元数据集、Z39.50标准、MARK标准等，对图书馆服务进行的规范屈指可数，不能不说是图书馆标准的一大遗漏。

在图书馆领域，较为早期的标准几乎集中在技术标准的文献工作标准化方面。文献工作标准是在第二次世界大战前后首先在欧洲兴起的，1947年国际标准化组织（ISO）成立。其中组建的第46技术委员会（ISO/TC46），即文献工作标准化专门委员会，使文献工作标准化理论研究有了专门的组织保障。在我国，1979年成立了我国图书馆工作相关的第一个国家标准化组织——全国文献工作标准化技术委员会（简称文标会，现改名为中国情报文献工作标准化技术委员会）。文标会负责制定、修订、管理和推广有关文献工作方面的国际标准，各级各类图书馆广泛地采纳了文标会制定的文献工作相关标准。但文献工作标准化仅仅是图书馆标准化工作中的一部分，其目标是为图书馆服务提供基本的保障。此后，包括中国图书馆学会制订的《公共图书馆建设用地指标》，以及由国家文化和旅游部主编、住房和城乡建设部与国家发展和改革委员会批准发布的《公共图书馆建设标准》等标准都还是针对图书馆服务的基本条件而制定的。图书馆这一服务性质的机构，还没有制定专门规范其服务的标准。随着我国图书馆基础条件和服务设施体系的日趋完善，图书馆服务的标准化开始提上议程。2008年12月9日在国家标准化管理委员会和文化和旅游部领导下，成立了我国图书馆行业真正意义上的国家标准化组织——全国图书馆标准化技术委员会（简称图标委）。国家图书馆馆长詹福瑞在图标委成立暨工作会议上提出，标准规范是衡量一个行业成熟程度的重要标志，图标委将全面开展图书馆管理、服务工作，图书馆古籍善本的收藏、定级、维修、保护，图书馆环境等领域标准化工作，提高我国图书馆行业的现代化、规范化程度，对图书馆服务规范进行研究标志着我国图书馆行业的标准化工作进入了一个新的发展阶段。

三、图书馆标准的生命周期

著名标准化专家桑德斯提出的标准化理论认为，标准化活动过程可以概括为制定—实施—修订—再实施标准。标准的生命周期是制定标准、实施标准、修订标准的循环过程，如图2-3所示。开展标准活动的起点和基础是制定标准，否则标准活动就缺乏规范的依据，无法开展标准活动；实施标准是实现标准作用，体现标准意义的活动，是整个标准活动的中间环节；在实施过程中，对标准的实施情况进行监督和反馈，收集标准实施的建议和意见，通过监督反馈结果客观评价标准的水平；根据实施反馈意见对标准进行修订完善是标准活动的重要过程，促进标准体系不断完善，推动标准活动持续进行。因此，制定标准、实施标准、修订标准的过程不断往复，形成标准活动发展的螺旋式模型，反映出标准不断改进不断完善的生命进程。图书馆标准也具有同样的生命周期。

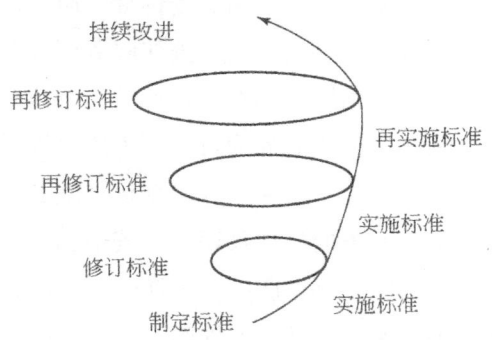

图 2-3　标准化过程螺旋示意图

推动图书馆标准化进程的动力来自图书馆生存环境的不断变化、图书馆行业的不断发展，以及图书馆用户需求的变化。

第四节　高校图书馆服务标准的理论框架

一、高校图书馆服务标准理论框架的架构

根据上述几节理论分析的结果，本书认为在服务标准理论、图书馆服务理论、图书馆标准化理论基础的共同支撑下，能建立图书馆服务标准的理论框架，如图 2-4 所示。

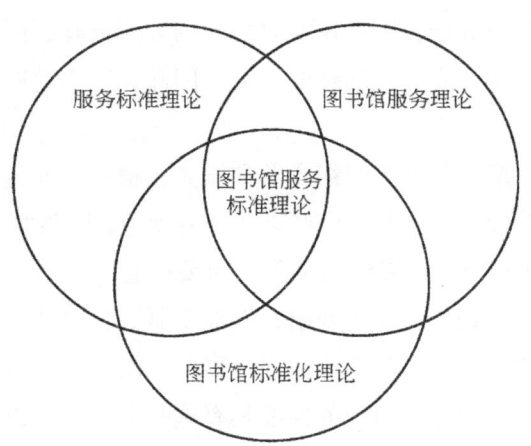

图 2-4　图书馆服务标准理论框架

图 2-4 中三个圆圈分别代表服务标准理论、图书馆服务理论和图书馆标准化理论，它们的交集即为"图书馆服务标准理论"。这一框架表明图书馆服务标准理论是图书馆标准化理论的一个组成部分，与图书馆业务标准理论、管理标准理论共同组成图书馆标准化理论体系。与图书馆其他标准相比起来，图书馆服务标准的研究还比较欠缺，长期以来对图书馆标准的关注点主要集中在技术标准上，较少关注服务标准的研究和应用。根据图书馆服务标准理论框架，本书认为图书馆服务标准就是针对图书馆服务工作应该达到的要求而制订的标准。图书馆服务标准是以星级服务为目标，为用户提供高品质的规范化服务，实现服务效率最大化，服务管理最优化，服务效益最高化，服务达到五星级水平。图书馆服务标准体系就是为了获得图书馆服务的最佳秩序，由若干相互联系、相互作用、具有特定功能的标准共同组成的有机整体。图书馆服务标准活动的目的是在标准体系的指导下，运用标准原则和方法，制定图书馆服务标准及实施图书馆服务标准，实现服务质量目标，严格服务方法，规范服务过程，从而获得优质服务。这一理论框架成为支撑高校图书馆服务标准研究的基础。

二、高校图书馆服务标准理论的功能

标准是对实践经验的科学总结，标准的运用使重复出现的需求简单化。"获得最佳次序，取得最佳效益"集中概括了标准的作用和制定标准的目的，指出了图书馆工作者的努力方向，同时也成为评价图书馆服务标准的重要依据。图书馆服务的最佳次序是通过实施服务标准，使服务的有序化程度提高，发挥出图书馆服务的最好效应。通过上述对图书馆服务标准理论的阐述，可以总结图书馆服务标准的功能具有如下特点。

首先，根据图书馆服务标准，图书馆采取标准统一的服务制度、规范的服务技术和服务程序，合理使用图书馆人力、物力、财力资源，可以排除随意性、人为干扰等因素。因此，图书馆服务标准是规范图书馆服务的重要途径。

其次，根据图书馆服务标准，图书馆能以相同的服务流程、服务手段提供同等水准的服务，满足读者的要求，使读者享用同样的服务。因此，图书馆服务标准是保护图书馆用户权益的重要保障。

再次，图书馆服务标准是图书馆组织资源和服务的根据，通过服务标准的应用，能最大程度减少和消除图书馆服务工作的无序状态和重复现象，提高服务效率，提升服务质量。可见，图书馆服务标准是提高图书馆服务质量的重要措施。

最后，图书馆服务标准是统一规范要求，有助于服务信息的传播、交流和共享，能促进新的服务、流程之间的相互操作和推广应用。因此，图书馆服务标准是实现图书馆服务现代化的重要手段。正是因为图书馆服务标准具有这些功能，所以研究和实施图书馆服务标准是非常必要的。

图书馆服务标准必须具有上述功能，支持图书馆服务的规范化，因此，高校图书馆通过服务标准的规范实现自身价值时,要发挥对高校、对高校师生的全面支持作用。支持作用主要体现在四个方面:第一,支撑教学。教书育人是高等学校的首要任务,是社会衡量高校办学质量的重要指标。高等学校通过教学培养高层次人才,对提高社会文化素养具有重要作用。因此,支撑教学是高校图书馆的主要功能之一。一般而言,高校图书馆可以为教学提供教学的场所,提供教学资源,如教材、参考资料等。在现代信息技术的支持下,高校图书馆提供的教学帮助更为丰富、全面和及时。除了数字化的文献资源,教学相关的音频视频材料都可通过图书馆提供给师生,从而支撑教学全过程。第二,支撑科学研究。除了教学,高等学校的另一主要任务就是开展科学研究,高校图书馆应支持所在高校各个学科的科学研究。科学研究的起点有赖于及时准确的信息,高校图书馆通过收集科技动态信息、国家战略规划、学科前沿、市场需求信息等为科学研究提供论证依据。图书馆还拥有支持科研全过程的丰富的信息资源和多种形式的信息服务。图书馆不断扩展学术信息交流空间,组织学术探讨和咨询,为科学研究提供必备的条件。第三,支撑学习。学生是高校的主体,支撑学生学习是高校图书馆的职责所在。高校图书馆通过图书馆实体为学生提供学习场所和学习氛围,通过图书馆丰富的文献信息为学生提供学习资源,通过图书馆服务为学生提供学习辅助。学生是未来社会的主体,高校图书馆为学生提供的学习服务将对其未来的学习产生潜移默化的作用。培养学生利用图书馆的学习习惯、学习方式将促进他们的终身学习,提高社会成员的文化素质。第四,支撑文化传播。高校图书馆除了服务本校师生外,为社会服务也是高校图书馆的义务,在高校图书馆为社会服务的范畴中,文化服务是其主要功能。《普通高等学校图书馆规程(修订)》中指出有条件的高等学校图书馆应尽可能向社会读者和社区读者开放。高校图书馆通过其所在地的社区向社区居民进行宣传,动员他们使用图书馆的资源,举办讲座、展览等,向他们传播文化。高校图书馆还应与当地的政府、企事业单位联合发挥文化服务功能。例如,向企事业捐赠图书、软件、设备,建立地方文献库和专题库,为企事业单位提供定制信息服务,提供智力和人力支持,将高校图书馆的文化资源输送到更多公众手中。

三、高校图书馆服务标准理论的原理

任何标准的形成都是在实践过程中对实践活动逐渐摸索和探讨而形成的,标准形成后,又应用于实践,不断地修正标准。标准活动的整个过程就是理论结合实践,二者不断协调并相互促进的过程。依据标准规范,图书馆开展服务的过程,就是不断完善服务标准,不断提升服务实践的双向协同过程。研究者对标准活动的基本规律做出了探索和研究,形成了有影响力的成果。例如,英国标准化专家桑德斯提出的七项原理,日本政法大学教授松浦四郎提出的十九条原则,我国李春田教授提出的四项原理等。在这些原理的基础上,结合图书馆服务的特点,作者认为图书馆服务标准有其自身规律性,图书馆服务标准的原理主要包括以下四个部分。

1. 用户中心原理

研究、制定及应用服务标准的最终目标是为了满足用户期望。在服务业领域，把依据顾客要求制定服务标准的原则称为顾客导向的服务标准或顾客界定的服务标准。若服务标准的制订是从图书馆的利益出发，首先满足的是图书馆自身要求，只有当图书馆要求与用户要求完全一致，即图书馆导向的服务标准符合用户要求时，用户才认为此服务是高质量的服务。但现实情况中，图书馆利益目标与用户要求完全一致的情况是极少的。因此，若从图书馆角度制定服务标准，不一定能满足用户的要求。只有以用户为中心，从用户角度考察图书馆服务，从用户期望或要求出发研究并制定服务标准，才能更好地满足用户的期望。

2. 标准化与个性化兼容并存原理

标准化和个性化看似矛盾的两个问题，在实践中，僵化的标准化导致服务缺乏灵活应变，完全的个性化也可能导致服务混乱。图书馆服务的标准化有助于为用户共同期望提供等同服务，提升服务效率，保证服务质量；图书馆服务的个性化有助于更好地满足用户信息需求，提高服务质量。在标准统一的规范要求下，避免了馆员随意凭借自身的喜好、心情、关系等提供服务；在个性化的主导下，有助于馆员发挥主观能动性，及时发现用户个性需求，与用户积极交流沟通，有效地帮助用户解决问题。因此，服务的标准化和个性化都是紧紧围绕"用户为中心"的理念，图书馆服务标准应该是以用户为中心，满足用户一切需求的（包括个性需求）的标准。这意味着服务标准对图书馆员将提出更高的要求，这种要求来自在掌握规范化服务技能的基础上，拥有更丰富的经验和技术、更好的交流沟通能力，以及更多的情感投入。因此，标准化和个性化在面向满足用户需求的基础上，获得了高度统一，是兼容并存的。要避免简单而片面地理解标准化和个性化，将它们有机融合，制定和实施满足用户一切需求的服务标准，并在实践中不断完善。

3. 系统协调原理

服务标准所指并非一个或某个标准要求，而是指整个服务标准系统。服务标准效应的衡量也不是从单个标准的效应得到，而是从相互协同的整个服务标准体系的效应而来。系统协调原理的思想是贯穿于图书馆标准活动开展的全过程的。根据系统协调原理，图书馆工作人员应树立系统意识、全局观念，从服务标准目标的确定、服务标准体系规划、服务标准工作计划、服务标准实施的方案选择，到服务标准实施过程中依据实施情况进行的协调、控制等都必须运用这一原理。根据系统协调的原理，图书馆服务标准体系的内容组成只有彼此兼顾、形成优化的系统结构，才能在实践应用中产生良好效果。根据系统协调的原理，图书馆开展服务标准活动并不仅仅是一项图书馆内部活动，而是一项社会活动，要取得图书馆内、外因素的相互协作，共同推动服务标准活动的实现。

4. 有序发展原理

标准效应的发挥要求标准具有一定的稳定性，但这并不表示标准就是固定不变的。标准系统的稳定是相对的、非永久的，在一定时间范围和空间范围发挥其效应。标准系统不发展就会被时代发展和社会所淘汰。对图书馆服务标准系统，要持续进行监控，不断总结其实施情况，判断标准是否与环境相一致、相适应。及时淘汰其中落后的、低功能的、无用的要素，及时补充新的符合社会发展、用户需求和图书馆服务要求的标准要素，才能不断使系统从较低的有序状态向较高的有序状态发展，不断保持标准应有的功能。有序发展原理为图书馆服务标准发展、进化机制提供了理论依据。在图书馆服务标准活动过程中，既要积极促进现有服务标准的应用，发挥其应有的作用，又要对当前服务标准进行控制和调整，使其与环境发展协调一致，实现标准的可持续发展，保持标准的先进性。

这些原理能够指引包括高校图书馆在内的每种类型图书馆理性地考虑其图书馆服务的规范化需求、科学地制订服务标准、有序地执行服务标准，以及不断修订和完善服务标准。

第三章 高校图书馆服务工作体系的构建

第一节 高校图书馆服务标准的要素

一、调查数据的质量分析

对高校图书馆服务标准体系的实证研究主要通过对调查数据进行统计分析实现,具体采用因子分析法对服务标准所包含的要素进行聚类从而构建服务标准体系。因子分析法是通过统计,精简变量来描述观察变量,尽量减少信息损耗,从而提供理论假设。因子分析的主要目的是简化数据并求取基本结构,将门类繁多的变量归并为因子,达到化繁为简的目的。本书利用因子分析法的这一功能对高校图书馆服务标准各要素进行归并,综合形成高校图书馆服务标准的体系。

戈萨奇提出进行因子分析时对样本数量的要求为:样本容量不应低于100,原则上容量越大越好,样本容量与变量的数量比例应在5:1以上,理想的比例为25:1,在一般情况下,样本容量为变量的5~10倍即能得到比较理想的效果。本书取得的有效问卷为310份,因子相关题项55个,样本容量与变量的比例超过5:1,符合因子分析的条件。

1. 描述性统计

为确保后续统计分析的可信性,作者通过描述性统计分析对样本数据进行了初步的质量分析。也就是通过对量表中各个题项的统计数据进行描述,初步判断数据的分布情况。表3-1展现了55个题项的基本统计量(主要包括均值、标准差、偏度、峰度和极值等)。描述统计结果显示,55个题项的偏度绝对值均小于2,峰度绝对值均小于4。根据偏度值小于3、峰度值小于10就可以判断数据呈现正态分布的规律,由此可以判断本量表题项的得分值服从正态分布,可以进行下一步的分析。

表 3-1 描述性统计值

变量	N	极小值	极大值	均值	标准差	偏度	峰度
服务对象	310	1	5	4.55	0.81	−1.966	3.63
用地	310	1	5	3.65	1.032	−0.314	−0.548
房屋建筑	310	1	5	3.8	0.945	−0.347	0.589
空间布局	310	1	5	4.14	0.906	−1.02	0.853
设备	310	1	5	4.32	0.799	−1.214	1.628
环境	310	1	5	4.21	0.794	−0.816	0.435
标识	310	1	5	3.97	0.929	−0.649	−0.075
检索系统	310	1	5	4.56	0.698	−1.689	3.05
网站	310	1	5	4.51	0.723	−1.598	2.758
个性化系统	310	1	5	4.03	0.899	−0.75	0.254
软件程序	310	1	5	3.88	0.928	−0.526	0.209
信息资源的来源	310	1	5	4.17	0.904	−1.038	0.743
信息资源的范围	310	1	5	4.25	0.826	−1.267	2.151
信息资源的类型	310	1	5	4.17	0.846	−0.94	0.739
信息资源的数量	310	2	5	4.33	0.751	0.985	0.664
经费来源	310	1	5	4.15	1.006	−1.122	0.569
经费数额	310	1	5	4.39	0.832	−1.388	1.5
经费使用	310	1	5	4.39	0.8	−1.355	1.655
人员构成	310	1	5	4.29	0.805	−1.106	1.064
人员数量	310	2	5	3.85	0.851	0.275	−0.613
人员结构	310	1	5	4.24	0.797	−1.034	1.085
人员配备	310	1	5	4.2	0.753	−0.846	0.973
馆员招聘和选拔	310	2	5	4.26	0.788	−0.858	0.187
馆员资质	310	2	5	4.26	0.791	−0.889	0.297
馆员教育与培训	310	1	5	4.41	0.722	−1.266	2
考评机制	310	1	5	4.19	0.811	−1.033	1.675
薪酬体系	310	1	5	4.32	0.74	−1.07	1.456
提拔和晋升	310	1	5	4.23	0.805	−1.032	1.24

续　表

变量	N	极小值	极大值	均值	标准差	偏度	峰度
职业道德	310	1	5	4.53	0.7	−1.661	3.327
职业素养	310	1	5	4.47	0.718	−1.361	1.934
职业规范	310	2	5	4.4	0.711	0.909	0.134
服务纪律	310	2	5	4.37	0.738	−0.997	0.547
服务态度	310	2	5	4.2	0.83	0.826	0.063
服务技能	310	1	5	4.41	0.765	−1.45	2.603
部门职责	310	1	5	4.36	0.778	−1.259	1.85
业务规章	310	1	5	4.22	0.814	−1.105	1.633
服务流程	310	1	5	4.2	0.826	−0.969	0.917
服务体系	310	1	5	3.92	0.934	−0.718	0.278
服务方式	310	1	5	4.04	0.922	−0.993	1.004
服务内容	310	1	5	4.21	0.899	−1.265	1.772
读者需求调查	310	1	5	4.29	0.855	−1.346	2.18
服务理念	310	1	5	3.57	1.03	−0.406	−0.339
服务承诺	310	1	5	3.85	0.917	−0.531	−0.124
服务宣传	310	1	5	4.1	0.832	−0.732	0.386
服务监督	310	1	5	4.13	0.848	−0.82	0.465
服务沟通	310	1	5	4.17	0.844	−1.114	1.625
服务改进	310	1	5	4.22	0.811	−0.971	0.989
服务补救	310	1	5	4.09	0.826	−0.788	0.626
服务统计	310	1	5	4.11	0.86	−0.89	0.91
读者规范	310	1	5	4.12	0.874	0.902	0.815
读者行为分析	310	1	5	4.19	0.851	−1.104	1.482
读者关系管理	310	1	5	4.07	0.905	0.99	1.103
服务效率	310	1	5	4.26	0.799	−0.92	0.55
读者满意度调查	310	1	5	4.26	0.812	−0.987	0.684
服务质量评价	310	1	5	4.35	0.765	−1.355	2.695

2. 因子负荷量分析

对于样本数据，还需要对其因子负荷量共同性进行计算，以进一步确认各个因子的合理性。主要通过对所有题项只抽取一个因子的因子分析，从而得到每个题项的因子负荷量。因子负荷量主要表示题项与因子关系的程度，题项在共同因子的因子负荷量越高，表示题项与共同因子的关系越密切，反之若题项在共同因子中的因子负荷量越低，表示题项与共同因子的关系越不密切。吴明隆提出若因子负荷量小于0.2，则该因子与题项关联程度不大，则考虑删除该题项。根据统计结果，量表的55个题项，其因子负荷量均大于0.2（表3-2），因子与题项的关系紧密，可在这些题项基础上开展因子分析。

表3-2 因子负荷量

题项	子因负荷量	题项	子因负荷量
服务对象	0.307	职业道德	0.597
用地	0.374	职业素养	0.653
房屋建筑	0.424	职业规范	0.652
空间布局	0.417	服务纪律	0.619
设备	0.455	服务态度	0.66
环境	0.485	服务技能	0.659
标识	0.474	部门职责	0.654
检索系统	0.541	业务规章	0.665
网站	0.578	服务流程	0.625
个性化系统	0.53	服务体系	0.659
软件程序	0.528	服务方式	0.675
信息资源的来源	0.546	服务内容	0.664
信息资源的范围	0.633	读者需求调查	0.633
信息资源的类型	0.621	服务理念	0.533
信息资源的数量	0.589	服务承诺	0.685
经费来源	0.531	服务宣传	0.659
经费数额	0.577	服务监督	0.732
经费使用	0.575	服务沟通	0.76
人员构成	0.624	服务改进	0.682
人员数量	0.478	服务补救	0.747

续 表

题项	子因负荷量	题项	子因负荷量
人员结构	0.625	服务统计	0.706
人员配备	0.632	读者规范	0.681
馆员招聘和选拔	0.562	读者行为分析	0.652
馆员资质	0.636	读者关系管理	0.65
馆员教育与培训	0.637	服务效率	0.618
考评机制	0.675	读者满意度调查	0.703
薪酬体系	0.542	服务质量评价	0.688
提拔和晋升	0.525		

3. 信效度检验

描述统计后,还需对数据进行信度分析。信度也称为可靠度,主要表现检验结果的一致性,是检验被测特征真实程度的重要指标。由于本书的量表采用的是李克特量表,李克特量表常用的信度检验方法为克隆巴赫系数值(Cronbach's α)。克隆巴赫系数 α 主要用于表示不同题项之间彼此互相相关程度的函数。一般在因子分析研究时,信度系数的最低要求标准是 0.5 以上,最好能大于 0.7。通常认为任何测量或量表的信度系数如果在 0.9 以上,则表示测量或量表的信度甚佳。作者对整个量表中的题项进行了信度检验,见表 3-3。结果表明,量表的 55 个题项的克隆巴赫系数 α 为 0.967,表示量表中各个题项的内部一致性好,信度理想,十分适合进行因子研究。

表 3-3 克隆巴赫系数值系数

可靠性统计量		
克隆巴赫系数值	基于标准化项的克隆巴赫系数值	项数
0.967	0.967	55

效度也称为有效性,表示一份量表所能真正测量到的该量表所要测量的能力的程度,用以检验问卷是否能达到研究者的测量目的。问卷的效度首先体现为其内容的有效性,由相关专家人为主观地判断,本书的问卷在设计过程中通过预测试进行了调整,并广泛征求了多位专家学者的意见和建议进行修改,因而尽量保证了问卷内容的有效性。问卷的效度其次体现为构建效度,将在因子分析部分详细阐述。

二、因子分析

1. KMO 与巴特利特球形检验

通过将多变量进行降维处理，因子分析可以实现对原始变量的分解，按照一定的提取方法，从原始变量中归纳出潜在的类别，相关性高的指标或变量归为一类，而不同类之间的相关性则相对比较低，每一类变量代表一个共同因子。用控制所有变量的公因子表示原来变量的主要信息。变量之间的存在相关性是数据采用因子分析方法的基础，本书采用 KMO（Kaiser-Meyer-Olkin）样本测度和巴特利特（Bartlett）球形检验两种相关性检验方法。

KMO 值用以研究变量间的相关性，比较变量间的简单相关系数和偏相关系数的相对大小，变化范围在 0~1。KMO 值越接近于 1，意味着变量间的相关性越强，原有变量越适合做因子分析；KMO 值越接近于 0，意味着变量间的相关性越弱，原有变量越不适合做因子分析。采用 KMO 值判断是否适宜开展因子分析的常用标准为凯泽提出的标准：KMO 值 0.90 以上为极佳的情况，表示非常适合因子分析；0.90 至 0.80 区间为良好的情况，表示很适合因子分析；0.80 至 0.70 区间为中度的情况，表示适合采用因子分析；0.70 至 0.60 区间为平庸的情况，表示不太适合因子分析；0.60 至 0.50 区间为可悲的情况，表示基本不适合因子分析；0.5 以下则无法接受，表示根本不适合因子分析。

巴特利特球形检验则以从整个相关系数矩阵考虑，其零假设相关系数矩阵为"对角线的所有元素均为 1，所有非对角线上的元素均为零"的单位矩阵，用常规假设检验判断相关系数矩阵的行列式是否显著于零。如果该值较大，且其对应的相伴概率值小于指定的显著水平时，拒绝零假设，表明相关系数矩阵不是单位阵，原有变量之间存在相关性，适合进行因子分析；反之，零假设成立，原有变量之间不存在相关性，数据不适合进行因子分析。表 3-4 显示了本次调研样本数据的 KMO 与巴特利特球形检验结果的情况。

表 3-4 KMO 和巴特利特球形检验

取样足够度的 KMO 度量		0.929
巴特利特球形检验	近似卡方	12 559.729
	df	1 485
	Sig.	0

KMO 值为 0.929，说明很适合采用因子分析法。巴特利特球形检验的 Sig 值为 0.000，小于 0.05，达到了显著水平，说明数据具有相关性，适合采用因子分析法。

2. 因子提取

因子提取是通过统计分析，从测量变量中萃取具有共同特征的因素。在以上效度检验的基础上，本书采用主成分方法，采用特征值（eigenvalue）大于1的标准。由表3-5可以看出，提取公因子前后各因子的特征值和累积百分比，第一个公因子特征值为20.1314，占特征值总和的比例为36.935%，累积百分比例为36.935%，第二个公因子特征值为3.924，占特征值总和的比例为7.134%，累积百分比例为44.069%，依此类推，发现经过因子分析共得到11个特征值大于1的因子，它们的累计贡献率达到了69.625%。也就是说用这11个公因子可以概括原始55个变量所包含的近七成的信息。因此，11个公因子能够较好地描述高校图书馆服务标准因素。

表3-5 解释的总方差

成分	合计	方差/%	累积/%	成分	合计	方差/%	累积/%
1	20.314	36.935	36.935	19	0.608	1.106	80.914
2	3.924	7.134	44.069	20	0.601	1.093	82.007
3	2.48	4.509	48.578	21	0.595	1.081	83.088
4	2.2	4	52.578	22	0.543	0.987	84.076
5	1.839	3.344	55.922	23	0.511	0.929	85.005
6	1.588	2.887	58.809	24	0.49	0.891	85.896
7	1.396	2.539	61.347	25	0.463	0.841	86.737
8	1.229	2.234	63.581	26	0.449	0.816	87.553
9	1.187	2.157	65.738	27	0.439	0.797	88.35
10	1.085	1.972	67.71	28	0.412	0.749	89.099
11	1.053	1.915	69.625	29	0.391	0.712	89.81
12	0.952	1.732	71.357	30	0.377	0.686	90.497
13	0.913	1.66	73.017	31	0.358	0.65	91.147
14	0.855	1.554	74.571	32	0.346	0.628	91.775
15	0.799	1.4527	76.023	33	0.317	0.576	92.351
16	0.756	1.374	77.397	34	0.316	0.574	92.925
17	0.685	1.246	78.643	35	0.286	0.521	93.446
18	0.641	1.166	79.809	36	0.277	0.504	93.95

续 表

成分	合计	方差/%	累积/%	成分	合计	方差/%	累积/%
37	0.259	0.472	94.422	47	0.167	0.304	98.211
38	0.257	0.468	94.89	48	0.155	0.281	98.493
39	0.253	0.46	95.35	49	0.146	0.265	98.757
40	0.233	0.424	95.774	50	0.135	0.246	99.003
41	0.223	0.406	96.18	51	0.135	0.246	99.249
42	0.214	0.388	96.568	52	0.126	0.23	99.479
43	0.193	0.35	96.919	53	0.107	0.194	99.673
44	0.185	0.337	97.255	54	0.093	0.169	99.841
45	0.181	0.329	97.585	55	0.087	0.159	100
46	0.177	0.323	97.907				

碎石图又称陡坡图，能够直观清楚地展现各因子复合系数的偏向情况，用以协助决定因子的个数。图3-1中，横轴表示成分数（即所有被测因素），纵轴表示方法贡献特征值。

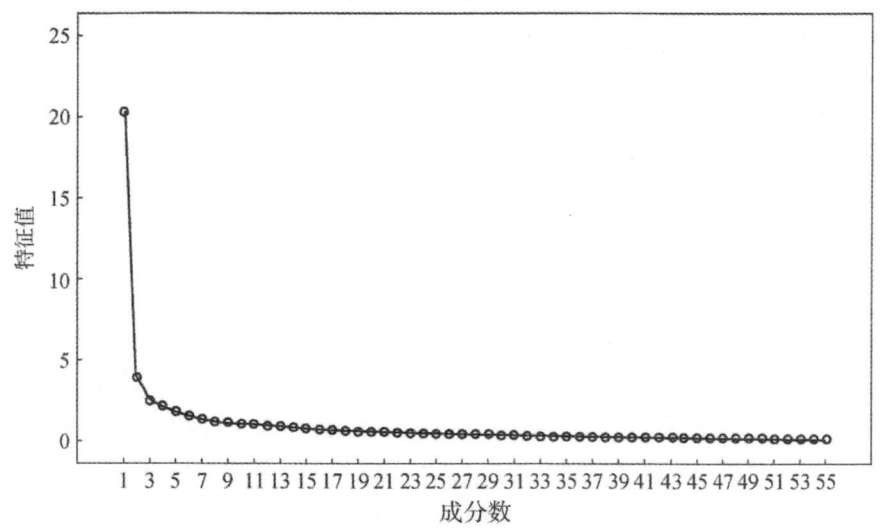

图3-1 碎石图

从图中可见，前11个因子的特征值都比较大，前11个因子的碎石图曲线的坡度也比较陡，从第11个因子之后曲线趋于平缓，因此提取11个因子，可以取得较好的效果。

对因子分析所得因子载荷矩阵，通过因子旋转使公因子的负载向±1或0靠近，帮助萃取公因子。因子聚类对高校图书馆服务标准的55个要素进行了重新组织和划分。一共聚集形成了十一个类型。通过识别这些公因子，可以形成对高校图书馆服务标准体系的基本认识。

第二节 高校图书馆服务标准的体系结构

通过上一节的因子分析,高校图书馆服务标准的因素被归纳为十一个公因子,这十一个公因子,可以解释高校图书馆服务标准的55个要素。本节对这十一个公因子命名,并在此基础上通过分析和综合,对其进行主题归类,从而构建起高校图书馆服务标准体系。

在公因子命名时,以该类因子所体现出的总体特征进行命名。第一个公因子包含的要素有:读者关系管理、读者行为分析、读者满意度调查、服务质量评价、读者规范、读者需求调查、服务效率、服务承诺、服务理念,将该公因子命名为"服务质量"。

第二个公因子包含的要素有:服务纪律、服务态度、职业规范、职业素养、服务技能、部门职责、职业道德、业务规章,将该公因子命名为"服务岗位与规章制度"。

第三个公因子包含的要素有:房屋建筑、空间布局、用地、设备、标识、环境,将该公因子命名为"设施设备"。

第四个公因子包含的要素有:提拔和晋升、薪酬体系、考评机制、馆员教育与培训、馆员招聘和选拔、馆员资质,将该公因子命名为"馆员职业发展"。

第五个公因子包含的要素有:信息资源的来源、信息资源的范围、信息资源的类型、信息资源的数量,将该公因子命名为"信息资源"。

第六个公因子包含的要素有:服务改进、服务监督、服务沟通、服务补救、服务宣传、服务统计,将该公因子命名为"服务推广与监督"。

第七个公因子包含的要素有:人员数量、人员结构、人员配备、人员构成,将该公因子命名为"人员"。

第八个公因子包含的要素有:服务体系、服务方式、服务内容,将该公因子命名为"服务设计"。

第九个公因子包含的要素有:检索系统、网站、服务对象,考虑到这三个要素主要反映的是图书馆用户(即服务对象)在使用图书馆时的交互面(即检索系统和网站),因此将该公因子命名为"服务交互",体现用户与图书馆之间的交互、接触。

第十个公因子包含的要素有:经费使用、经费来源、经费数额,将该公因子命名为"服务经费"。

第十一个公因子包含的要素有:个性化系统、软件程序、服务流程,考虑到个性化系统和软件程序是关于用户使用图书馆服务过程中需要的平台,将该公因子命名为"服务平台与流程"。

上述十一个公因子的命名见表3-6。

表 3-6 公因子命名及主题分析

公因子	载荷变量	因子命名	主题
1	读者关系管理、读者行为分析、读者满意度调查、服务质量评价、读者规范、读者需求调查、服务效率、服务承诺、服务理念	服务质量	服务质量
2	服务纪律、服务态度、职业规范、职业素养、服务技能、部门职责、职业道德、业务规章	服务岗位与规章制度	服务管理
3	房屋建筑、空间布局、用地、设备、标识、环境	设施设备	设施设备
4	提拔和晋升、薪酬体系、考评机制、馆员教育与培训、馆员招聘和选拔、馆员资质	馆员职业发展	人力资源
5	信息资源的来源、信息资源的范围、信息资源的类型、信息资源的数量	信息资源	信息资源
6	服务改进、服务监督、服务沟通、服务补救、服务宣传、服务统计	服务推广与监督	服务管理
7	人员数量、人员结构、人员配备、人员构成	人员	人力资源
8	服务体系、服务方式、服务内容	服务设计	服务过程
9	检索系统、网站、服务对象	服务交互	服务过程
10	经费使用、经费来源、经费数额	服务经费	服务管理
11	个性化系统、软件程序、服务流程	服务平台与流程	服务过程

进一步分析这十一个公因子，公因子一构成"服务质量"主题，体现了为满足图书馆服务质量建立的各项要求而设立的标准和要求，以及相关的方法和手段。公因子三构成"设施设备"主题，反映了实现图书馆服务所必需的建筑、设备等基础条件，只有按标准要求建立基础条件，才能为用户提供标准化规范化的图书馆环境，增强服务能力。公因子五构成"信息资源"主题，体现了对图书馆服务赖以实现的最重要的因素的重视，按标准要求建设高校图书馆信息资源，才能保障为高校的教学科研提供优质服务。公因子二"服务岗位与规章制度"、公因子六"服务推广与监督"和公因子十"服务经费"都是服务管理的重要事项，它们共同构成"服务管理"主题，体现出对图书馆服务质量从岗位、规章制度进行的管控，以及对服务过程中的关键环节和相关因素进行管理和控制。公因子四"馆员职业发展"和公因子七"人员"都是有关图书馆人力资源问题的，它们共同构成"人力资源"主题，表明了对图书馆从业者的重视，这种重视不仅体现在人员的工作安排方面，还体现在对馆员发展的关注上，以馆员的发展促进图书馆服务发展。公因子八"服务设计"、公因子九"服务交互"、公因子十一"服务平台与流程"共同构成"服务过程"主题，高校图书馆服务要重视服务的科学设计、重视用户与图书馆的接触面和交互平台，规范服务流程，从而明确整个服务体系，优化图书馆的整体服务。通过对公因子的主题分析和归并，高校图书馆服务标准体系的主题包括设施设备、信息资源、人力资源、服务过程、服务管理、服务质量等。由这些主题所构建起的高校图书馆服务标准体系如图3-2所示。

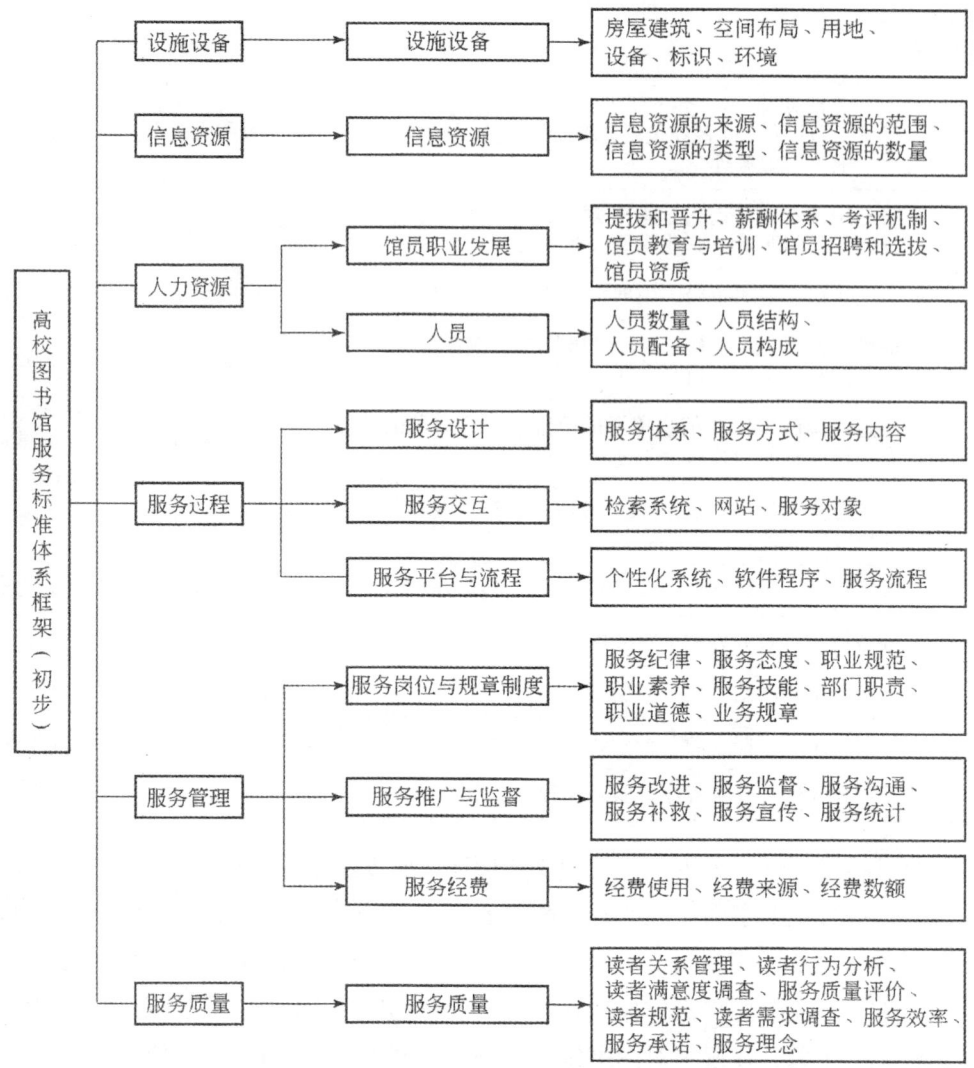

图 3-2 高校图书馆服务标准体系（初步）

至此，本书对于图书馆服务标准体系的研究，在文献综述和理论分析基础上构建了图书馆服务标准基本结构（服务条件、服务过程、服务管理、服务质量），并在调查和实证分析基础上形成了六大主题结构（设施设备、信息资源、人力资源、服务过程、服务管理、服务质量）。将它们进行对照，可以发现，因子分析所得的高校图书馆服务标准体系框架更为详细，共包含六个主题，主题"设施设备、信息资源、人力资源"对应于图书馆服务标准基本结构的"服务条件"，其他三个主题则分别与基本结构的内容对应（如图3-3所示）。这表明，通过实证得出的高校图书馆服务标准体系的主题能够较好地验证图书馆服务标准体系基本结构，并且在一定程度上证明了本书提出的图书馆服务标准基本结构的正确性。通过研究，高校图书馆服务标准的体系框架在图书馆服务标准基本结构的四个主题基础上演绎为六个主题，具体包括55个要素。

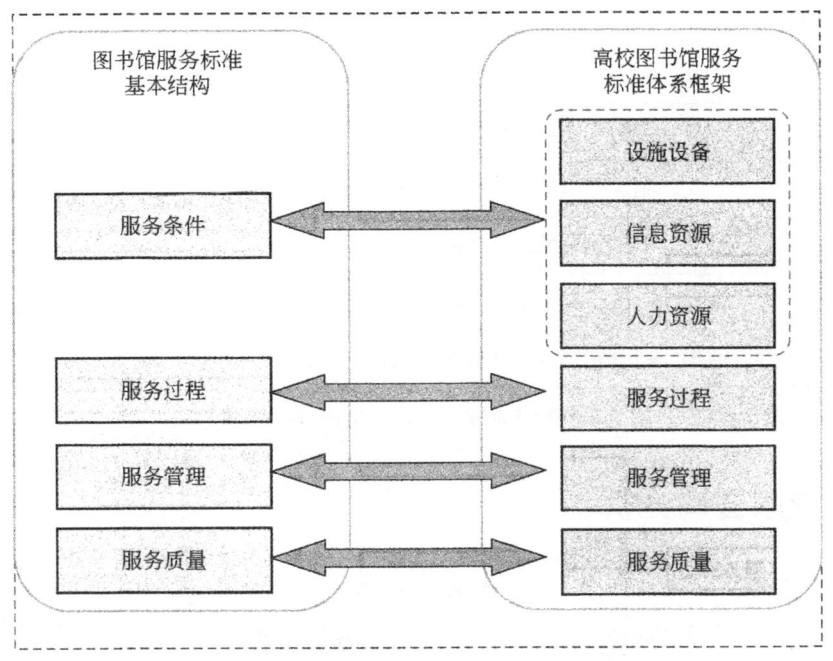

图 3-3　图书馆服务标准基本结构与高校图书馆服务标准体系框架对照

第三节　高校图书馆服务标准体系的验证

一、验证方法

针对第二节研究所得的高校图书馆服务标准体系的六大主题和 55 个要素，围绕此体系框架是否具有科学性与合理性，作者对专家进行了咨询，与专家分别进行了 1～2 次面谈或电话交谈，每次访谈时间为 40～60 分钟，专家均从事图书情报领域研究或实践，其情况见表 3-7。通过收集的专家意见对服务标准体系进行了验证和修正。

表 3-7　专家简况表

专家代码	专家简况
F1	男，教授，博士研究生导师，图标委委员
F2	男，研究所所长，研究员，博士研究生导师
F3	女，教授，硕士研究生导师
F4	男，研究馆员，高校图书馆馆长，硕士研究生导师

续表

专家代码	专家简况
F5	女，副研究馆员，高校图书馆读者服务部主任
F6	男，副研究馆员，高校图书馆副馆长
F7	女，副研究馆员，高校图书馆信息咨询部主任
F8	女，副研究馆员，高校图书馆馆长
F9	女，馆员，高校图书馆读者服务部馆员
F10	男，副研究馆员，高校图书馆副馆长

注：按照访谈时间顺序给予被访者编号，书中出现同一代码表示访谈内容来自同一人。

二、专家咨询分析

（一）对高校图书馆服务标准体系的总体看法

专家F2肯定了本书的思路，认为对图书馆服务标准体系开展理论研究，总结出体系结构，是科学的研究过程，但图书馆服务标准体系的建设是一个长期的过程，所提出的服务标准体系还要通过实践进行调整。专家F1认为本书对图书馆服务标准体系做出的层次设计，内容分明，方便使用，同时他也提出还要广泛收集专家意见，不断完善这个体系。专家F6将本书提出的高校图书馆服务标准体系与专家所在图书馆情况进行了对比，认为体系中的六个主题与图书馆实际情况是比较吻合的，只是有的名称上说法不完全一样。专家F5特别赞同在图书馆推行服务标准，也认为作者提出的服务标准体系是比较科学的，三层次的标准体系结构对高校图书馆服务标准工作具有指导性，她说："以前读者对图书馆的印象是一个低层次的工作，很大程度是因为我们的服务工作没有标准规范，难以管理。"专家F7结合自己所在图书馆是多校区多分馆并存的情况，认为研究图书馆服务标准体系很有必要，本书所提出的服务标准体系包含六个主题是合理的，能够对具体的高校图书馆服务标准工作提供参考作用。她说："每一个校区图书馆服务的读者虽然有区别，但按照这个体系去制定统一的服务标准就能使全馆统一定位，统一服务要求，统一服务管理。从图书馆目前效果来看，新校区图书馆的环境、设备、条件、人员都是最好的，所以读者的评价也是最高的，可见，图书馆服务的好与差与服务的基本条件是分不开的，环境、设备、设施、馆员配比等都很重要，所以基础条件必须出台规范。"专家F8认为图书馆服务标准体系可以帮助图书馆理清思路，找准自己的定位，有针对性地开展高校图书馆服务标准规范活动。

上述咨询意见表明，专家对本书提出的高校图书馆服务标准体系整体上均给予了充分肯定，认为体系内容正确，结构合理，层次分明，要素全面，并认为该体系的构建，对于高校图书馆服务标准的研究和实践应用具有参考价值。专家结合自己的经验和学识，为本书的标准体系提供了验证的实证基础。专家咨询意见验证了本书提出的关于高校图书馆服务标准体系的科学性与合理性。

（二）对高校图书馆服务标准体系的修改建议

在肯定高校图书馆服务标准体系的价值和合理性的同时，专家对高校图书馆服务标准体系的主题和要素均进行了认真审视和深入探讨，他们对标准体系的具体内容也提出了相应的修改建议。经整理，这些意见有三种情况：增加标准要素、调整标准要素、删除标准要素。

（1）增加标准要素

专家F8专门提出服务标准体系不是一个冷冰冰的工具，反而应该是可以帮助促进服务的，她认为图书馆服务标准体系一定要体现出以人为本，以用户为中心，以标准为依据的原则，并建议在标准体系最前面加上醒目的宗旨：以人为本，以用户为中心，而且在要素制定具体内容要求上也要围绕这个宗旨展开。专家F4借鉴国外图书馆事业发展经验，认为从长远来看，图书馆服务标准应该与图书馆战略规划工作结合起来，在国外图书馆界，这已经成为一种趋势。他还提出比较理想的服务标准是可以用于评价服务质量的，也就是说高校图书馆的服务标准体系可以胜任质量评价体系，可以依据服务标准来开展质量评价。

专家F3认为大学图书馆有两个核心，一是服务对象，即读者，要充分考虑读者需求；二是服务基础，要根据读者需求建设资源。因此她赞同对信息资源主题的提取，认为这个主题体现了对图书馆服务根本的重视，但仅仅规定信息资源的来源、范围、类型、数量等还不够，还要强调图书馆服务对信息资源使用的要求，因为"以前主要是在资源建设和加工方面做了很多规范，涉及资源使用就规范得比较少了"。持同样观点的还有专家F4，他认为信息资源是流动的资源，图书馆应该按照资源的不同类型提出具体的编码、管理、流动、提供服务的要求，信息资源在流动过程中环节上涉及哪些部门就由该部门负责，该专家还介绍了所在图书馆的成功经验："前年我们把期刊的管理和服务进行了修改，将资源使用和业务规范进行了整合，形成手册，提高了服务效率。"针对信息资源这一主题，专家F2特别指出在我国大多数图书馆属于复合型图书馆，单独的实体图书馆或数字图书馆都是少数，且对同一图书馆而言，用户可能同时借助网络和现实达成一个相同的需求，难以完全区分，因此需要强化对信息资源的管理。该专家指出高校图书馆同时拥有纸质资源和数字资源，如果不根据高校图书馆用户需求的变动考虑实体资源与数字资源在整个资源系统中的相对比例和服务深度，根据实际服务内容确立具体的标准规范细目，那么这种标准的适用性将有待考量。

专家F5和专家F7认为高校图书馆服务标准除了对部门提出职责要求外，还应有对岗位职责的规范，专家F7说："现实情况下有些图书馆对服务标准的理解就是从岗位职责开始的，而且岗位职责也很严格。例如，我们图书馆的读者服务部就自己根据岗位设置制定了岗位职责，现在只是在内部工作中使用，并没有形成馆内正式的文件。"此外，专家F5还专门提到了高校图书馆人力资源中的临聘人员和学生馆员问题，认为对他们也应该做出单独的职责要求。

专家 F9 认为网络设施设备已成为高校图书馆服务开展必不可少的基础，其重要性并不亚于书库、阅览室，因此建议增加网络条件。专家 F10 认为现在大学普遍采用的服务平台还应该有移动服务平台，建议标准体系的"服务过程"这一主题增加移动服务平台；他还提出高校图书馆要重视经费预算，学校每年的 11 月为预算月，图书馆就要根据学校的规划提出预算，当然，一般也有一些规律，如"985 工程"高校一般购置费是 3 000 万元，"211 工程"高校和部分"985 工程"高校是 2 000 万元，其他高校和部分"211 工程"高校是 1 000 万元以上，省属高校可以少于 1 000 万元，其中绝大部分用于数字资源，研究型的高校则比例更高，根据学校总体发展目标、图书馆资源建设和服务发展合理地提出图书馆经费预算。对经费方面的规范，专家都认为非常有必要，今后根据标准体系出台高校图书馆服务标准的目的之一是确保经费投入有保障，给高校图书馆的经费、人员、管理上提供制度保障。因此，标准体系中要体现出这一目标。

专家 F6 总结自己的实践工作经验，提出服务标准体系中的"服务推广与监督"还应增加服务反馈，读者反映的问题要有反馈。他说："如果反馈机制起了作用，责任明晰，图书馆的工作就会流畅。现在在我们读者服务部设置了服务前台，可以承接读者提问，对前台工作人员有回复读者和反馈读者的要求，他们能当场回答的马上回答读者，如读者开卡在读者服务部门就马上给解决了；对于需要找相关部门来解决的就要当场找这些部门，如果需要事后再答复读者的就留下读者电话等联系方式，尽快回答他们，我们一般要求当日将解决方案电告读者。"该专家总结了自己的工作经验，认为图书馆的服务要做好，不在于内部装修有多豪华，首先在于工作人员要发自内心地想把工作做好，态度端正，要让读者感受到工作人员是热情的，工作是符合礼仪规范的。因此，他建议增加服务礼仪的规范要求。

（2）调整标准要素

专家 F4 提出，图书馆服务标准首先要考虑读者，读者是首位的，图书馆做出的所有对馆员的规范和对资源的管理使用要求，都是为了让读者满意，在加强数字信息资源使用规范的同时可以与流程结合起来。建议要突出服务流程规范，他甚至提出服务流程的规范应该单独成为一个主题。

专家 F7 说："我们的研究把有关软件的要素归纳成为服务平台、服务交互，可能还需要通过实践检验这样设置是否合理，或者直接叫作软件资源更合理。"她认为，本书提出的标准体系中有对硬件方面的规范，还应该考虑软件资源的规范。提出是否应该将"软件程序""检索系统""个性化系统"等从现在的"服务平台"主题抽取出来，单独构成一个"软件资源"的主题，与设施设备强调硬件资源共同构成高校图书馆开展服务的最基本条件之一。

（3）删除标准要素

专家 F7 提出，高校图书馆工作人员的工资往往并不是图书馆决定的，是由学校统一规定的，所以服务标准中设置薪酬体系与图书馆实际情况不符合，但是希望今后大学图书馆自己能为自己设置薪酬体系，从而起到促进馆员积极工作，认真服务的作用。因此建议先去掉"薪酬体系"这一要素。

专家 F3 提出图书馆房屋建筑方面的规范是可以包含用地要求的，建议将用地合并到房屋建筑要素中。

（三）专家意见的处理结果与体系的完善

为更好地修改高校图书馆服务标准体系，本书对专家给予的意见和反馈进行认真思考和研究，最终采纳了部分意见。根据上述专家意见的归纳与总结，同时经过仔细的讨论与调研，对本书提出的标准体系进行修改和完善。总的来说，专家认为高校图书馆服务标准体系总体结构和具体要素是比较科学合理的，部分问题上给出了具体的修改意见。作者对专家提出的修改意见进行了认真思考，与专家进行了沟通，采纳了大部分建议。通过表 3-8 将专家对服务标准体系的修改建议及本书对建议的处理结果进行了汇总。对专家 F7 提出的单独设置"软件资源"的主题，以及专家 F4 提出"服务流程"应该单独成为一个标准主题，作者希望能通过今后的进一步追踪研究进行考察，因此暂未采纳。专家 F8 提出的增加"以人为本，以用户为中心"是制订服务标准的总体指导思想，不作为要素增加到体系中；专家 F6 提出的增加"服务礼仪"，因服务礼仪涵盖在了"职业素养"中，因此不采纳，"增加临聘人员和学生馆员职责要求"可以包含到"馆员职责"中，因此未予采纳；其他对服务标准要素的调整意见均予以采纳。

表 3-8 专家对服务标准体系的修正建议汇总

建议	提出专家	处理结果
增加"软件资源"主题	F7	暂不采纳
与战略规划结合	F4	不采纳
增加信息资源使用	F3、F4	采纳
增加信息资源管理	F2	采纳
增加网络条件	F9	采纳
增加移动服务平台	F10	采纳
增加宗旨：以人为本，以用户为中心	F8	不采纳
删掉用地，合并到房屋建筑	F3	采纳
服务流程应该单独成一个主题	F4	暂不采纳
增加服务礼仪	F6	不采纳
增加岗位职责	F5、F7	采纳
增加临聘人员和学生馆员职责要求	F5	不采纳

续表

建议	提出专家	处理结果
增加反馈机制	F6	采纳
删除服务纪律	F6	采纳
删除薪酬体系	F7	采纳
增加经费预算	F10	采纳

通过对专家意见和建议的分析和处理，高校图书馆服务标准体系得以修订。修订后的高校图书馆服务标准体系如图3-4所示。

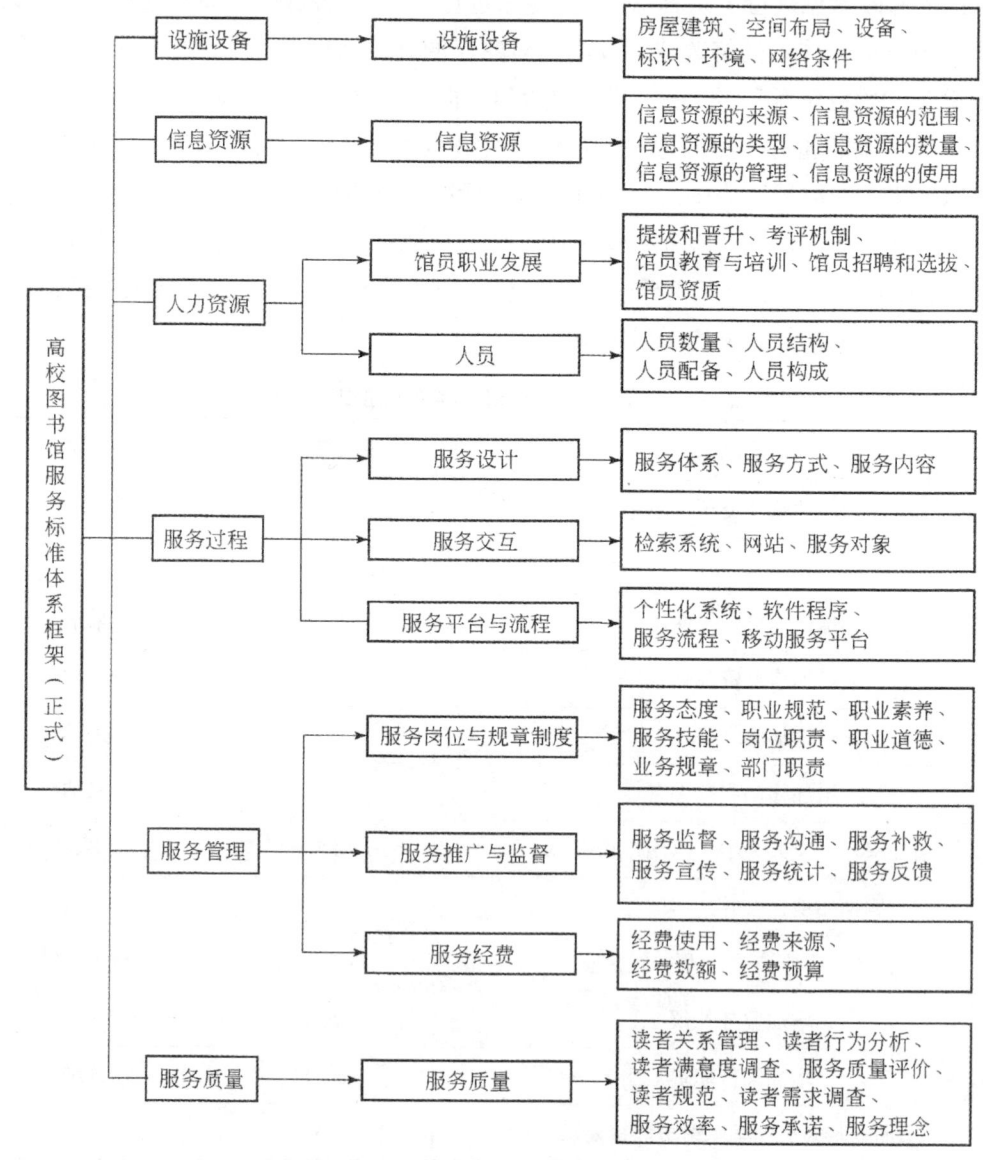

图3-4 高校图书馆服务标准体系框架（正式）

经专家咨询和修正后，高校图书馆服务标准体系更为完善，将在高校图书馆服务标准的理论研究和实践应用中具备更好的适用性。服务标准体系的总体框架还是保持层次结构，包括六大标准主题，共涉及58个标准要素，具体的标准要素更为合理。①设施设备是图书馆开展服务的最基本条件，是服务标准体系最基本的构成，是确保服务标准的其他主题要素发挥作用的基础，任何图书馆的发展都必须重视设施设备。②作为高校的资源中心和学术中心，高校图书馆开展服务最重要的保障和后盾是信息资源。在整个服务标准体系中，信息资源的标准是确保服务质量的重要条件，信息资源依赖于一定的设施设备条件，对具体的服务过程产生直接的影响。③高校图书馆履行服务规范，保持稳定服务水平的重要条件之一就是人力资源。④在整个服务标准的体系中，服务过程最集中地体现了服务本质特征。⑤服务管理是高校图书馆服务标准体系的重要内容，传递了服务标准体系的原则和要求，体现了图书馆服务导向的风气。⑥图书馆服务质量是图书馆服务的最终表现。如果说服务标准体系中的其他五个主题反映的是对服务投入和变化过程的约束，那么对服务质量制定的规范主要是为了提高服务产出的水平。

第四章 互联网背景下大数据对高校图书馆的影响

第一节 互联网背景下大数据对高校图书馆的影响

一、高校图书馆大数据特征

（一）大数据引发高校图书馆思考

1. 高校图书馆海量数据

高校图书馆本身拥有很多纸本资源，随着信息化建设的发展，大量的数字资源，如电子图书、期刊、数据、网络资源进入高校图书馆。智能手机、平板电脑等移动终端的普及使读者不受时空限制即可获取知识，随之而来的是高校图书馆的移动客户端、WAP网站、数字图书馆等如雨后春笋般涌现，使用户的数据量爆发增长。面对如此海量的数据，高校图书馆应主要分析、挖掘用户的借阅记录、查询日志、社交活动、移动终端使用记录等各类半结构化数据，因为这些数据中包含了很多隐性价值，对改善服务方案、提高服务效率、开展个性化服务有很大的帮助。

2. 高校图书馆读者流失

随着各种新信息技术的不断发展，网上数据库、网上书城以及公开免费的网上图书资源充斥着互联网，给传统的高校图书馆带来了压力，使读者流失日益严重。而大数据为高校图书馆解决这一问题提供了新的思路。高校图书馆可以借助大数据技术对读者需求数据（包括借阅记录、咨询记录、荐购记录等）进行分析，不仅可以了解读者的信息行为、需求意愿及知识运用能力，还可以深度挖掘读者在交互型知识服务过程中的潜在需求，从而有针对性地开展服务并吸引读者，以应对生存危机，同时利用读者不断增长的信息需求促使高校图书馆的拓展服务持续延伸和完善。

3. 高校图书馆大数据应用

高校图书馆的核心价值就是为学生、为教师服务，教师的科研成果、学生的论文成果在某种程度上代表着高校的教学、科研水平。图书馆只有了解师生的需求，掌握其阅读习惯，才能有针对性地提供优质服务，进而提升整个学校的科研水平。高校图书馆要充分利用大数据技术和大数据思维，发现潜在价值信息，为师生提供高效、智慧的服务，这是未来高校图书馆发展的方向。

首先，高校图书馆应用大数据具有现实可行性。教师、学生在使用图书馆时会留下使用痕迹、用户行为日志等，这就形成了很多有价值的数据。其次，高校作为科研重地，对新技术、新思想的敏感性很强，在高校图书馆中使用大数据技术并不是什么难题。最后，大数据技术不是一项具体的技术，而是数据采集、数据存取、数据处理、数据挖掘等技术的整合，这些技术相对来说已经很成熟。高校图书馆面对新技术、新思维的冲击，要及时抓住发展契机，转变服务模式，实现可持续发展。

4. 高校图书馆隐私保护

大数据是一把"双刃剑"，它涉及隐私问题，包括用户姓名、邮箱、电话号码等，具有关联性和累计性，一旦信息泄露、滥用，将对用户造成极大危害。高校图书馆存在着大量的读者数据，如用户查询记录、用户借阅数据及手机客户端访问日志等。图书馆为了改善服务方式，提供优质服务，需要对这些数据进行分析，通过数据挖掘、知识发现等技术，了解用户阅读行为。另外，这些数据除了用于记录读者的个人信息外，还隐藏着许多重要信息，如电话号码、邮箱、行为记录、社交网络信息等。高校图书馆应高度重视读者隐私，树立高尚的职业操守，在正当、合法的范围内使用读者数据。

（二）高校图书馆拥有的大数据

高校图书馆大数据的来源也呈多样化特征，除了传统的电子图书、期刊、论文数据库等结构化数据资源外，还包括以下大量的非结构化信息资源：

（1）智能设备数据

像 RFID 数据信息，装有 RFID 图书的信息，可以自动实现资源的跟踪和分析；像门禁系统，保留有大量读者的进馆出馆信息，可以帮助我们根据读者的来馆时间，做好相应的人员配备，提供更好的服务。

（2）物联网数据

可以通过在图书馆不同位置或环境中放置传感器，来对所处的环境和资源进行数据采集，通过长时间积累，可以产生巨大的数据量，有助于我们分析图书馆的使用情况，优化资源配置。

（3）互联网数据

随着社交网站的普及应用，这部分数据的产生速度超过以往任何一个传播媒介，由于参与用户众多，且数据中包含用户丰富的情感特征，是图书馆服务的一大评价指标来源。另外像 OPAC 读者的检索记录、数据库读者的访问记录等一些用户行为数据，也包含着读者丰富的信息，是图书馆大数据的重要组成部分。

（4）科研共享数据

高校图书馆作为一个科研服务中心，需要构建科研数据共享平台。科研数据是指数字形式的研究数据，包括在研究过程中产生的能存贮在计算机上的任何数据，也包括能转换成数字形式的非数字形式数据，如调研结果、神经图像、实验数据、传感器读取的数据、遥感勘测数据、来自测试模型的仿真数据等。科研数据是研究过程中重要的研究成果，包含着巨大的研究价值。长期以来，高校虽然有丰富的科研数据，但是往往局限于本课题组、本单位使用，没有经过有效的整理和建库共享，造成了科技资源的极大浪费。因此科研共享数据是图书馆需要重点收集的一个大数据来源。

（5）移动互联数据

随着高校移动图书馆的普及，图书馆可以利用移动互联技术，获取大量读者访问数据，从而分析读者的使用习惯、阅读倾向等，进而帮助我们开展有效的分析并预测其知识服务需求。

（三）高校图书馆具有大数据特征

随着图书信息资源的不断发展，读者对于图书馆的要求也越来越高，在大数据时代，图书馆开始具有大数据特征。

第一，图书馆的数据资源既有一些基本的文献资源、光盘数据资源、网络资源等，也有一部分读者信息和提供服务的信息，还有图书馆自身发展的数据信息，这些数据在编码和格式上在内部都无法达成统一，形成了大量的异构数据。

第二，图书馆的数据资源每天都在增长，全国图书馆数字资源总量是一个庞大的数据集。图书馆必须根据用户的服务信息等数据做出相应的服务策略转变，对大量数据的分析与潜在价值挖掘显得十分重要。

第三，图书馆一些新兴服务方式的出现，如24小时服务、其他网络服务等，增加了用户的数据信息，要对这些数据进行挖掘和整理需要一些限定的条件和环境。虽然图书馆已经进入了一个发展比较迅速的阶段，数据库的记载与统计也达到了新的水平，但是这些数据还需要进行异构处理，找出新型服务方式。

二、互联网+大数据对高校图书馆的价值体现

大数据的价值在于可以通过人工智能、计算机科学、数学统计、信息技术等多个交叉学科的大数据技术的应用来挖掘找到隐藏在大数据背后的世界。目前高校图书馆利用大数据的价值主要包括以下几方面：

1. 高校图书馆利用大数据的价值

（1）为资源采购提供决策支持

通过读者使用资源的交互数据，像图书浏览记录、借还记录、数据库访问记录、下载记录等，可以有效地评估读者对各种资源的使用情况，通过较集中的访问历史可以预测读

者关注的热点,从而为资源采购部门提供决策支持,对需求大的未购买资源增加订购,而使用率不高的资源可以减少或取消订购,从而让有限的资金购买更适合读者需要的资源。

(2)为读者提供个性化服务

高校图书馆里包含有大量读者个人使用图书馆的记录,通过读者的咨询记录、借阅记录、数据库访问记录、检索记录、下载记录等用户使用图书馆资源的所有足迹,同时结合读者的专业,及其教务部门提供的个人选课信息、成绩情况等,可以分析读者的兴趣点、服务诉求、学科需求。从而把适合的资源向其主动推送,为读者提供个性化服务,实现图书馆由被动获取转为主动服务的职能转变。通过不断地主动为用户进行探测性的推荐服务,持续性地获取用户的反馈信息,从而对其服务需求进行修正,提高个性化服务的可靠度和精度。

(3)为学科提供研究方向及热点变化

图书馆可以利用大数据对学科进行聚类分析、热点预测、网络分析、可视化分析、引文分析、知识关联分析等技术构建学科的知识图谱,从宏观上分析相关学科领域的研究方向和热点,为科研人员特别是新进入研究领域的学者,以及面临选题困难的硕士生、博士生大幅度的提高研究、学习和创新的效率,让他们可以节约文献调研的时间,了解学科领域的研究进展,确定自己的研究方向。

(4)为科研人员提供学术共享环境

高校科研人员在长期的科研活动中,通过观测、探测、试验、调查等科学手段积累了大量的科学数据,这是高校宝贵的数据财富。图书馆有义务整理这方面的数据,同时利用科研人员相同或类似的资源需求,为相同学科或研究方向的科研人员构建虚拟社区,形成学术交流圈,共享科研数据,创造良好的学术共享环境。

2. 大数据时代高校图书馆定位

大数据的应用将为图书馆大规模数据处理、数据分析、资源整合、开展个性化服务、提升服务能力和服务水平提供新的思路和方案。我国图书界学者已从不同的视角对大数据与图书馆的相关问题如机遇、影响等进行了研究,这对于推动大数据在图书馆的应用、提升图书馆的服务品质有着较大的理论价值和现实意义,同时我们还要关注大数据视角下的图书馆定位及新动向。

(1)图书馆的业务与服务重点应向上游转移

不管是在传统图书馆还是数字图书馆,从资源的利用流向来看,图书馆的业务与服务重点均在下游,即资源的组织、利用与保存。然而在大数据时代,图书馆用户服务并不仅仅依靠结构化数据,如书目资源库、机构知识库、语义化信息等,还可能依靠大量的非结构化数据和半结构化数据,如用户的信息查询行为、阅读习惯等,通过数据挖掘、数据分析等方法为用户提供有针对性的个性化服务。因此,数据的收集、存储、分析、处理将成为图书馆的主要业务,即通过大数据的某些关键技术将海量的复杂数据进行协同处理,再通过数据挖掘、可视化分析等形成具有情报价值和决策参考价值的服务信息提供给用户,以便用户通过图书馆获得准确、及时、有效的信息知识,实现业务与服务的上游转移。

（2）图书馆应成为公共数据存储、处理、分析与服务中心

图书馆特别是公共图书馆作为现代社会公共文化服务的重要组成部分,在文献传递、社会教育、娱乐休闲等方面起着举足轻重的作用,加强信息技术的应用,延伸图书馆服务是近年来我国图书馆界的主要建设目标。但随着全社会进入了一个以密集型数据的相关分析、处理来推动社会创新发展的大数据时代,同时图书馆服务拓展到了大数据分析、处理领域,图书馆的定位将不只是社会文化服务机构,而是要集社会公共数据存储机构、公共数据分析机构、公共数据处理机构、公共数据服务机构于一身,担负起时代赋予图书馆得更加重要、更加凸显社会存在价值的使命。

（3）图书馆应是一个完整的网络体系

大数据技术对于图书馆的价值所在便是其在用户服务中的应用,目前讨论最多的是数据分析、数据处理和数据服务,而这些技术的实现则需要充足、大量的数据支持,应既包括用户在图书馆的信息行为数据,又包括在社会场所的数据;既包括在一所图书馆的借阅行为、人际社交等数据,又包括在其他信息机构的此类数据。因此,在大数据时代,图书馆应借助于可能产生对象用户数据的多个图书馆的数据支持,甚至还需要借助包括商业中心、社会服务中心、娱乐中心和工作空间等在内的信息中心的数据支撑。只有图书馆间形成协调工作的有机网络体系,才能真正实现数据的共知共享,最大限度地满足用户需求。

三、大数据在高校图书馆的应用

（一）大数据对高校图书馆的影响

1. 大数据时代高校图书馆面临的挑战

随着现阶段信息技术的发展状况及信息资源的利用需求,如何正视大数据给当前图书馆各个方面带来的冲击及挑战,也是理解什么是"大数据",所必须掌握的内容:

（1）数据量增长所带来的存储能力及计算能力的挑战

在飞速发展的数字信息环境中,数据成本下降促使数据量急剧增长,新的数据源和数据采集技术的出现使数据类型增多,各种非结构化的数据又增加了大数据的复杂性,但从大数据应用中却可以发现具有极强挑战性的科学问题及社会问题,而这有助于推动以大数据为基础的科学研究第四范式,促进图书馆形成新型知识服务范式,而现有数据中心技术难以满足大数据的应用及知识服务需求,整个知识服务架构的革命性完善势在必行。首先,存储能力的增长远远落后于数据量的增长,设计最合理的分层、分级存储架构已成为信息资源管理及知识服务体系的关键;其次,移动互联网技术的完善,使得数据移动较之以往更加频繁,而数据的移动亦成为信息资源管理最大的开销,这就促使知识管理从传统的数据围绕着计算能力转,转变为计算能力围绕着数据转;最后,高通量计算机、高可靠性、高可扩展性、高可用性的规模、语义、统计及预测性等数据分析技术、新的数据表示方法

等都是亟待解决的技术问题。

（2）由传统常规分析向广度、深度分析所带来的挑战

数据分析成为图书馆知识服务体系创新与完善必不可少的支撑点。图书馆不仅需要通过数据了解现在知识服务过程发生了什么，更需要利用数据对科研创新合作过程及合作交互型知识服务过程将要发生什么进行分析和预测，以便应对图书馆未来所面对的生存危机，在行动上做出一些准备。值得补充的是，这些分析操作除了包括数据关联关系分析、时间序列分析、大规模图分析、社会网络分析及移动平均线分析等广度及深度分析，还包括一些常规分析。

（3）基础设施挑战

数据量及非结构化数据的迅速增加，使得存储及计算规模不得不随之增大，导致其成本急剧上升，出于成本的考虑，越来越多的知识服务机构将应用由高端服务器转向中低端硬件构成的大规模计算机集群，从而对支持非结构化数据存储及分析的基础设施提出了很高要求。第一，需要将存储、计算需求分布到为大规模分布式数据密集型应用而设计的基础设施中；第二，需要拥有经济高效的存储与计算能力，足以获取、存储和分析TB、PB级别的数据，并拥有足够的智能分析能力来减少数据足迹（如大数据压缩、自动数据分层及重复数据删除等）；第三，需要拥有可快速将分块的大数据集复制到集群服务器节点进行处理的网络基础设施；第四，需要拥有保护高度分布式基础设施和数据的可信应用体系的软硬件基础设施；第五，作为人力及智力基础设施，技能熟练的图书馆员也是图书馆大数据研究及处理最值得期待的挑战之一。

2. 大数据时代高校图书馆面临的问题

2011年美国McKinsey Global Institute发布了《Big Data:The Next Frontier for Innovation, Competition and Productivity》的调查报告，指出虽然全球数据飞速增长，但有将近87.5%的数据未得到真正利用，许多数据资源并没有形成真正的知识源以供研究人员利用。图书馆历来是信息技术应用的主要地方，"大数据"时代亦不例外。哈佛大学已经将"大数据"的服务引入了图书馆中，并付诸应用。这是一种最具颠覆性及创造性的引进，它使我们看到，在关注每一个具体的图书馆的结构化信息资源需求的同时也可使非结构化数据分析变得可行和经济高效，从而实现知识横向扩展以满足急剧扩张的知识服务需求。作为一个新的尚未开发的信息源，非结构化数据分析可分析之前很难或无法确定的重要相互关系。而作为图书情报领域一项技术推动的战略，旨在获得更加丰富、深入和更加准确的用户、知识运营者以及知识服务洞察，并最终提高图书馆的核心竞争力，与以往相比，大数据应用可更加快速地做出时间敏感的决策、监控最新知识服务趋势、快速调整方向并抓住新的知识服务机遇。正如数字图书馆、Library2.0、云计算技术出现之初，图书情报界所出现很多质疑声音一样，图书情报领域研究大数据的尝试也不可避免地遇到质疑，为了推动图书情报领域里的大数据技术与提升知识服务能力、降低知识服务成本，有必要对大数据时代，图书馆所面临的问题及机遇进行一些讨论。一方面，在思想观念上，有三个问题值得所有

图书情报界人员深入反思和探讨：

①相较于图书馆所拥有的不断增长的数据量而言，图书馆能够分析的数据比例在不断降低，如何充分把握大数据所带来的技术优势与数据分析方法，有效提高图书馆能够分析的数据比例，加强知识服务的智能辅助决策能力。

②从图书情报领域数据分析和应用的现状而言，现在的图书馆及人员在面对一些"可能是机会的数据"时，并没有清醒的认识，缺乏将数据转换成知识的思想意识及非结构化数据持久化处理及深度分析的技术和解决方案。

③最终的问题应该回到图书馆与人员如何认识、管理和分析其所拥有的各种结构化、半结构化和非结构化数据，如何建立软硬件一体化集成的大数据综合解决方案、数据及知识获取、存储、组织、分析和决策的大数据解决方案。

另一方面，由于对于图书馆及人员而言，大数据技术仍然是一种全新的且未被市场验证和核实的新兴技术，任何一个准备实施大数据计划图书馆，从技术上都必然会被问道：

①哪些数据应该属于大数据的范畴，并被分析及预测？

②待分析的数量巨大的非结构化的静态和动态数据是否真的具有所需要的价值？人力、物力、财力及发展张力的投入回报方面是否符合本机构的发展规划？

③非结构化数据缺乏固定结构，受数据来源、类型、时间及空间等因素的影响，非结构化数据呈现不同特征及表现方式，也需要采用不同的数据获取、存储、组织、分析及决策技术，如何依据本机构自身的数据特性，选择合适的、有针对性的大数据技术也应当成为需要深入探索的话题。

④很多数据的可用周期很短，且属于不同领域、不同时域或不同地域，要怎样将其进行有效的整合、集成及分析？

⑤什么时候以及如何在已有的数据获取、存储、组织、分析和决策流程中加入大数据的支持？

⑥大数据解决方案与传统的信息资源管理、信息服务方式、知识创新模式、数据存储和分析技术之间的区别及关系是什么？

⑦哪种场景更适合大数据解决方案？

⑧大数据解决方案是进一步完善还是完全取代传统信息资源管理、信息服务方式及信息处理技术？

3. 大数据在高校图书馆的应用

以上都是图书馆在探索和实施大数据解决方案的过程中，无法回避的问题。图书馆对于大数据而言，通常有三种角色：大数据的使用者或受益者、大数据的提供者或开发者以及大数据的运营者或维护者。在前述的情景描述中，可以了解到，当前几乎所有大数据技术及产生的相关服务都可以在图书情报领域得到应用，特别是能够给我们带来如下新型知识服务帮助：

①可以帮助图书馆建立各类知识服务及业务建设的风险模型。即图书馆的各类风险评估模型,例如数字图书馆信息安全风险评估模型、信息资源采购及应用评估风险模型、图书出版的收益与风险模型、知识产权风险评估模型等,都可以通过大数据分析、预测及智能辅助决策技术建立具有自身机构特色的、科学的及实用的风险模型。

②图书馆用户流失分析及价值分析。联机计算机图书馆中心的相关研究报告指出,价值质疑、技术障碍、人员队伍无法适应未来挑战等重大问题已经严重困扰着图书馆,高校教职工已经逐步弱化了图书馆存在价值,用户流失异常严重,大数据技术不仅可以通过数据了解用户、行为、意愿、业务需求、知识应用能力及知识服务需求等需要什么,还可以利用数据对用户的科研创新合作过程及合作交互型知识服务过程将要发生什么进行分析和预测,从而应对图书馆未来所面对的生存危机。

③可以帮助图书馆建立新型知识服务引擎。技术引擎是图书馆信息服务的技术核心,如何利用大数据技术构建图书馆的新型知识服务引擎,将会是未来几年内图书情报领域信息技术研究的主要内容。新型知识服务引擎包括资源及学术搜索引擎、资源及服务推荐引擎、知识服务社区实体(包括用户及资源)行为智能分析引擎、用户知识需求预测引擎,以及多维度信息资源获取、组织、分析及决策引擎等。例如美国 Hiptype 公司利用大数据分析技术来分析电子书读者阅读习惯和喜好,这也是国内外图书情报领域首例利用大数据技术来构建知识服务社区实体(包括用户及资源)行为智能分析引擎。

④可以通过分析资源(包括软硬件资源、网络资源、信息资源、服务资源及知识资源等)的状况来预测可能的故障,或对于资源突然的波动可以帮助图书馆制订相应策略。例如,网络攻击、风暴、垃圾资源过滤、软硬件资源故障、信息服务需求障碍及知识资源波动等。

⑤可以帮助建立更加灵活的、智能的网络化信息资源智能组合方式。图书馆可以灵活、方便地从已有结构化及非结构化数据资源中抓取有用的知识、关系、模式、症状用于新的知识服务方式。

⑥如前所述,传感器数据是未来大数据的主要来源之一,对图书馆自然环境、人文环境及技术环境数据多维度大数据的智能分析及智能辅助决策,进而实现机构管理、发展及服务的预测、优化和监管。

4. 图书馆界有关大数据主要研究热点

随着数据量的飞速增长,对大数据进行获取、存储、组织、分析和决策的基本策略是把大数据的计算推向数据,而不是移动数据。因为在大数据处理过程中数据移动代价过高,在分布式环境中,传统的数据处理方法在不高于 TB 级别数据处理可能可以接受,但面对大数据,其执行时间和执行成本至少会增长几个数量级,特别是对大量实时数据进行分析,这种移动数据的计算模式是不可取的。

一般情况下,大数据管理整个生命周期过程包括大数据获取、存储、组织、分析和决策五个阶段,围绕大数据管理生态系统的研究,可以围绕结构化数据管理及非结构化数管理两个方面进行研究。围绕结构化数据管理，即传统的关系数据库管理系统，衍生出传统的大数据获取、存储、组织、分析和决策生态系统。而关系数据库作为大数据管理的核心数据引擎，各类结构化数据通过 ETI 工具按照其结构特征进行组织，存储到关系数据库中，再在客户端通过 SQL 语言进行例行性的数据分析，进而根据数据分析结构进行技术性决策分析。目前，处理结构化大数据的关系数据库管理技术已经非常成熟，如商业型 Oracle、SqlServer、开源型 MySql 等，均具备了强大的结构化数据管理功能，并且均拥有较为强大的数据仓库功能，对应的数据挖掘技术也已经充分满足一般的结构化数据分析、决策需求。但针对复杂的结构化和非结构化大数据处理需求，Sql 语言表达能力就暴露出了一定局限性，在某些特殊大数据处理过程中，需要把数据从数据库中读取出来，导致大量数据的移动，将数据导入到前端分析工具（如 SPSS、SAS 等），借助于统计分析软件进行大数据深度分析和决策，这样产生的致命性问题就是大数据移动会造成性能急剧下降。因此，SPSS、SAS 等数据分析企业正在致力于把计算过程封装在数据库系统中执行，但目前进展有限，并且大数据分析函数的分布化、并行化、数据处理系统的扩展性、灵活性、智能性等仍然是难以解决的问题。

随着 Hadoop 开源框架及其相关技术的迅速兴起和逐步完善，使其成为打开大数据之门的金钥匙，也成为解决传统的大数据处理方式所面临的两大难题的关键，从而推动大数据管理的新生态系统的浮现。从技术上看，Hadoop 两项关键服务：采用 Hadoop 分布式文件系统的可靠大数据存储服务及基于 MapReduce 编程模型的高性能并行大数据处理服务，能够提供对结构化和复杂数据、非结构数据的快速、可靠分析变为现实，并可与旧的信息管理系统部署在一起，从而能够以有利新方式组装新旧数据集合，让图书馆可以根据自有信息和问题定制知识服务组合方式，更容易地分析和研究复杂数据，同时作为一个自愈系统，在出现系统变化或故障时，它仍可以运行大规模的高性能处理任务，并提供数据。其他诸如 Hardtop Common、Chukwa、HBase、Hive、Pig、ZooKeeper 等大数据处理添加件、交叉集成件和定制实现，均能为新生态系统提供强大的技术支持。

尽管如此，当前各个方面的相关研究都不能完美的解决大数据核心问题，仍然有许多极具挑战性的工作等待着我们去研究。

①关系数据库和 MapReduce 技术有机融合的研究。如前所述，MapReduce 与关系数据库各有优缺点，如何依据不同的大数据处理业务需求，设计同时具备两种技术优势的技术架构（即有关系数据库的通用性、易操作性和 MapReduce 的可扩展性、开放性、灵活性、容错性和智能性），在对关系数据库更深层次了解的基础上，深入分析 MapReduce 编程模型内在的局限性和并行计算模型。如何有机融合关系数据库技术和 MapReduce 技术，使之能够有效地支持迭代式并行计算模型的执行，这也是大数据处理技术的核心问题之一。

②对结构化数据和非结构化数据更加复杂的或更大规模的分析。MapReduce 计算模型在很大程度上，能够弥补关系数据库在这两个方面的缺憾，而在云计算环境中可以初步实现更加复杂和更大规模的大数据处理，比如大规模社会计算、大规模社交网络、时间序列

分析、大规模图分析及更细粒度的仿真等,这一类技术仍然不够成熟,需要花费更多的时间、精力去探讨。

③大数据获取、存储、组织、分析和决策操作的可视化接口。如何较好地实现大数据处理的各个阶段的可视化、智能化及个性化的展示和操作,尤其是多维数据操作及决策结果评估的可视化的智能展示。

④大数据管理系统的可靠性研究。当前大数据管理体系是基于大规模廉价计算机集群的云计算环境,采用的是主从结构,由此决定了主节点一旦失效,势必会造成整个大数据管理系统失效的局面。因此,如何在不影响全局的情况下,提高大数据管理系统的主节点的可靠性,将是未来需要解决的关键问题之一。

⑤大数据的网络传输和压缩问题。MapReduce 编程模型的计算特征决定了其性能取决于 I/O 和网络传输质量和计算代价。而数据压缩技术不仅可节省存储空间、节省 I/O 及网络传输代价,还可利用云计算环境中存储能力和并行计算能力,大幅提升大数据管理系统的性能。研究者所带领的两个团队均成功的利用数据压缩技术提升了大数据管理系统的性能,但这些研究都是基于他们各自的大数据处理模型,而非默认的 Hadoop 数据处理模型。因此,基于 MapReduce 编程模型的通用型大数据压缩技术也是尚待研究的核心技术之一。

大数据伴随着云计算、移动互联网、物联网等信息技术的成熟而迅速发展,并且越来越受到业界和学术界的关注,相较于过去几十年数字图书馆的研究与发展,大数据技术在未来几年将会给云图书馆带来革命性、持续性和创造性的变化,会对我们所熟知的知识服务能力和知识服务机制产生重大的颠覆和创新,也对现有的技术和方法提出更高的要求,而这一切可能会超出我们正常期待的范围。在未来几年,在大数据获取、存储、组织、分析和决策过程中,对应的体系架构、计算模型、数据模型、智能辅助决策模型、性能优化模型及知识服务模型等基础理论方面,将会出现更多的研究成果。

毫无疑问,大数据技术是图书情报领域无法逃避的未来技术发展形态,也为图书馆实现知识服务模式的转变、知识管理模式的突破、合作交互型知识创新模式的完善、知识服务流程的动态监测等业务需求提供了新的思路和解决方案。目前,虽然大数据技术的研究还处于起步阶段,依然还面临着许多问题和争议,但是,随着市场的发展和信息技术的不断成熟,围绕大数据的问题将逐渐得到解决,这些争议也将会有更加清晰的结果。可以说,大数据技术是云图书馆在未来一段时间内亟待完善和解决的关键问题之一,该领域的相关问题也会成为图书情报领域研究的重点内容之一。大数据技术的发展、成熟与应用也需要图书情报界和业界人员的共同努力。

(二)大数据推进高校图书馆应用的进程

1. 国外大数据推进图书馆应用的实践

国外图书馆推进大数据的实践主要有以下几种:一是建立知识服务社区实体行为智能分析引擎。如美国 HPP 公司将大数据用来分析电子图书读者阅读习惯和爱好,构建知识服务社区实体行为智能分析引擎，从而有针对性地开展服务，取得了较好的效果。这是国内外首例将大数据技术应用于图书馆实践的尝试。二是开放馆藏资源。如哈佛大学图书馆将大数据的服务引入图书馆实践，向读者公布包含书目数据、地图、手稿、音视频等在内 73 家图书馆提供的 1 200 多万种资料，并在美国数字公共图书馆中提供下载服务。三是积极开展大数据项目的研究。如美国图书馆杂志举办"Future of the Academic Library Symposium:E-Texts Big Data, and Access"学术研讨会。四是争取专项经费改善基础设施。如 2009 年 8 月，JHU（约翰霍普金斯）大学图书馆得到 NSF 一项 2 000 万美元的资助，构建一座数据研究基础设施（Data Conservancy），用来管理过去从教学和科研中产生的海量增长的数字资源。五是组建数据咨询小组，设立信息专员。如 JHU 大学图书馆在合作项目中选择既有学科背景，又善于合作的馆员担任信息专员，提供协同嵌入服务以及参加文献评述、合成与数据摘录等工作。

2. 大数据推进高校图书馆应用的基本架构

上海交通大学图书馆馆长陈进在西南政法大学召开的"川渝高校情报工作研究会第二十三次年会"中曾提出"新技术让图书馆服务更精彩"，可他同时也担忧："如今信息科技的方便快捷让图书馆面临被边缘化的危险，传统图书馆将遭受服务价值与吸引力危机。"表面看陈馆长的话似乎有些矛盾，仔细分析其实是辩证统一的，关键在于当新技术来临时我们如何去把握。我国图书馆要想成功地推进大数据就必须将"角色定位、服务转型、文化编织"这几个核心思想贯穿到具体工作中去，让人们关注更多的是图书馆的"服务职能"，而不仅仅是它的"空间场所"。这样大数据的核心价值（不在于储存了多少数据，而在于获取了多少有用的信息）在图书馆才能从真正意义上得以体现。基于此，有图书馆界学者提出了我国高校图书馆应用及推进大数据的基本框架。主要有以下几个方面。

（1）人才方面

大数据是一项前沿技术，需要懂技术又有跨学科背景的专业人才，操作难度大。目前，国内绝大多数高校图书馆都比较欠缺这方面的人才，既没有将非结构化数据进行处理及深度分析的技术，也没有将数据转换成知识的思想意识。因此，大数据人才的挖掘与培养是目前亟须关注的领域。可从以下三方面入手：第一，区别对待，有针对性地培养。充分发挥领导"知人善任"的才能，将本馆工作人员根据学科背景和工作能力进行分类排队，然后结合实际有针对性地培养。如对云计算、物联网、移动互联网、大数据等专业知识有理论专长的，就从技术层面去加强；对信息科学、心理学、管理学等其他学科知识有一定了解的，从专业服务员的方向去发展等。第二，交叉互补，"多能型"挖掘。即先将所有具备一定业务技能的馆员都按"多能型"人才进行培养。通过对有实践经验的弥补研究方法，懂研究方法的弥补专业知识的方式，最终挖掘出符合需要的人选。第三，争取条件，引进人才。图书馆要重塑形象不断进取，以良好的内外环境和优质的待遇吸引人才，特别是吸引大数据人才到图书馆来。

（2）资源方面

英格丽德·帕伦特认为："大数据对读者利用图书馆的行为与方式产生了巨大影响，用户通常使用搜索引擎学习、研究和工作。以哥伦比亚大学图书馆为例，每年对电子资源的点击量是 700 万次，而纸质书的借阅率已经从每年 20 万次下降到了 8 万次，用户对纸质印刷品和视听产品的需求越来越小。"如何在数字时代更好地发现及管理好图书馆资源是新时期面临的课题。

第一，纸质文献资源的整合。

图书馆系统有海量的门禁数据、传感器数据、RFID 数据及借还数据等。我们可通过借阅数据的类目排列得出图书的利用率来进行整合；也可采用 RFID 无线射频识别技术实现文献资源的跟踪分析，进而根据用户个性化需求来实现整合；还可利用传感器数据进行预测性分析得出读者最喜欢的最需要的或者哪种环境最适宜读者阅读的来实现整合？不管哪种方式，整合的结果就是将利用率高的受读者喜欢的、最需要的文献安排在方便取阅、位置好、光线好各种条件俱佳的楼层；将利用率不高的安排到密集书库；将那些"无人问津"或者残缺不全的旧书进行打包剔旧。整合目的在于更贴近读者，满足读者的需求。

第二，电子信息资源的数字化。

随着信息技术的迅猛发展，人们接收信息的方式正在发生巨大变化，"信息无处不在，5 亿网页不过是一个按键的距离"。然而，传统图书馆尚在数字化转型时期，阅读数字化、服务数字化、管理信息化等虽已进行到不同程度，但"数字革命"尚未成功。北京大学图书馆陈凌副馆长认为，"图书馆信息资源的数字化不仅要将传统图书馆与数字图书馆结合起来，纸型资源与电子资源互补共存，而且还要在资源数字化的基础上实现大数据的共享"。总之，图书馆电子资源的数字化就是信息资源数字化、信息传递网络化、信息利用共享化、信息提供知识化、信息实体虚拟化。因此，图书馆要抓住大数据的机遇，将数字化进行到底。

（3）技术方面

如果说云计算为数据资产提供了保管、访问的场所和渠道，那么如何盘活数据资产，使其为国家治理、企业决策乃至个人生活服务，则是大数据的核心议题。目前，我国图书馆现有的信息技术难以满足大数据存储、分析等各项要求。如何把握大数据带来的技术优势与分析方法，有效提高图书馆智能决策能力是图书馆在新形势下的一大难题。

第一，基于 NoSQL 解决数据异构集成。

NoSQL 就是 NotOnlySQL 的缩写，意思是非关系型数据库。作为近年来兴起的非关系型数据库，NoSQL 通常采用分布式、集群化的数据存储模式，主要用于大规模结构和非结构数据存储管理，具有大容量、高性能、高扩展等特性，并具有良好的 MapReduce 支持。因此，用它来解决大数据环境下数字图书馆种类繁多、事先无确定模式、异构数据占绝大多数的数据存储问题是一种非常好的技术支撑，也有助于数字图书馆之间的合作与信息共享。

数字图书馆的异构数据采用 NoSQL 作为中间件技术集成，无须基于关系模型的异构数据集成技术那样要先把异构的数据整合转换成一个统一的格式，那样会带来数据的丢失和部分失真，而是直接通过分权分域管理，将各数字图书馆传送来的异构数据进行包装，并存放于 No-SQL 集合中，然后对外提供一致的数据访问服务。

第二，基于 HNC 的文献知识元检索。

HNC（Hierarchical Network of Concepts）概念层次网络，是面向整个自然语言理解处理的理论体系。该理论在深入挖掘汉语特点的基础上，以意义表达和语言理解为主线，建立了一种模拟大脑语言感知过程的自然语言表述模式和计算机理解处理模式，"在汉语语句理解方面达到国际领先水平"，并已获得国家发明专利。HNC 概念符号含有大量的语义信息和不同概念之间的横向和纵向关联，使得知识元之间具有一定的语义链接。而知识元是指相对独立的表征知识点的一个元素，它可以是一段文字、一幅图表、一个公式等。

图书馆的信息检索技术主要分为全文检索、数据检索和语义检索三类。前两类属于传统的检索方式，也是国内大多数图书馆所采用的方式。通常使用关键词词形的简单匹配，而不考虑语义，结果一方面出现大量含有该关键词但与我们想检索的文献毫不相关的信息；另一方面使与关键词相关但文献中没有出现该关键词的信息丢失。因而很难兼顾查准和查全，具有很大局限性。而语义检索，也可以叫作知识检索，是一种基于知识的语义的分析检索，是在自然语言理解、计算语言学发展的基础上产生的，由知识库支持在检索的查准率和查全率上较好地满足用户的检索要求，是信息检索发展的趋势。

对比各种检索优劣，面对大数据时代图书馆将面临的种种问题，作者提出基于 HNC 的文献知识元检索口，即在知识元检索过程中引入 HNC 理论，从本质上来讲也是语义检索。其操作过程为：先将待检索文献中的主题词或词对作为知识元内容，以 HNC 符号表示特征词，然后依存句法分析和 HNC 理论将知识元提炼出来，建立知识元之间、文献之间的链接关系，再针对搜索结果提供相似文献、同类文献、文献来源等链接，最后利用 HNC 的语义特性选择符合自己需要的链接从而实现知识元检索。

第三，基于 PKI 技术保护读者隐私。

PKI（Public Key Infrastructure）公钥基础设施是一种新的安全技术，采用数据加密和数字签名来实现用户身份认证，并在开放的互联网环境中提供一体化服务的非对称加密法。它由公开密钥密码技术、数字证书、证书发放机构（CA）和关于公开密钥的安全策略等组成，是目前比较成熟完善的 Internet 网络安全解决方案。国外一些大的网络安全公司纷纷推出一系列基于 PKI 的网络安全产品，如美国 Verisign、IBM、Entrust 等安全产品供应商为用户提供了一系列的客户端和服务器端的安全产品，为电子商务的发展提供了安全保证。

数字图书馆引入 PKI 技术来保护广大读者的隐私是所有图书馆的高级阶段和发展趋势。其基本实施过程为：每个用户首先向数字图书馆论证中心申请以获得公钥，生成自己的密码对，当需要使用有关信息服务时，将数字证书用自己的私钥和论证中心的公钥加密后发送至论证中心，论证中心收到后进行解密，确认用户合法身份并签名，签名后的数字证书被加密后传给用户，用户用该数字证书作为身份证明向图书馆申请使用相应服务，从而读者的隐私得到一定程度的保护。因此可见，网络技术的发展虽带来了一些新的社会问题，但同样也会为保护隐私提供更先进的技术。未来图书馆在加强隐私自律时，也应加强网络基础设施建设及信息安全技术的开发应用，为保护读者隐私做出努力。

第四，采用数据的合并与清理解决取舍问题。

大数据环境下，图书馆海量的数据资源中充斥着太多冗余数据。一方面数据中心已经没有足够的空间来备份明级的数据；另一方面给数据的存储、备份、传输等增加很大负荷，常常导致"宽带不宽"。为了解决数据取舍，节省空间，数据的合并与清理是一个不错的选择。

在书目数据中进行数据的合并与清理就是对前系统漏判的重复书目数据记录进行合并。目的在于解决同一种书目记录重复问题、同书异号、异书同号问题，通过清理还可发现编目数据的错误。因此，书目数据的清理与合并是图书馆自动化编目工作的重要组成部分，也是书目数据库建设必须面对的问题之一。其具体工作：一是对图书馆合并后的重复记录进行删除；二是对中央书目库中没有对应的馆藏条码号的记录进行删除；三是对出版年份和责任者均重复的记录进行合并；四是按索书号排序，解决异书同号问题。当然也可将这一技术用于解决其他数据的取舍问题，这里就不一一列举。

（4）服务方面

随着人们阅读方式的转变，图书馆传统的与用户分离的服务模式逐渐不能适应用户新的发展需求，尤其在知识服务日渐成为图书馆未来服务趋势的情况下，图书馆需重新定位，服务必须转型：要树立"用户在哪里，服务就在哪里"的服务理念，学会有效利用现代信息技术去提升服务水平、拓展服务项目。实践表明，只有创新服务并将其延伸到具体实践中，图书馆才有生存的价值和旺盛的生命力。

第一，基于"个人门户"概念开展个性化信息推送服务。

个人门户就是以个人为中心的互联网入口网站，它提供给用户能够选择个性化服务的路径，将各种价值的数据和互联网资源集成到一个信息管理平台，并以用户个性化的页面布局呈现出来。中国互联网服务商1616.net于2010年11月正式推出了个人门户概念，成为中国传统的网址导航领域服务创新第一人。

然而，国外许多数字图书馆已经建立了自己的门户。根据美国研究图书馆学会的调查，许多研究型大学图书馆早已建立了自己的数字图书馆门户，其中包括哥伦比亚大学、加州大学圣地亚哥分校、康奈尔大学、麻省理工学院、华盛顿大学等。国内有条件的图书馆在近几年也纷纷开展了基于"门户"的个性化服务。如北京师范大学图书馆Metalib+SFX统一检索型数字图书馆门户、北航图书馆TRS搭建数字图书馆门户等。

实践证明，通过个人门户平台，图书馆能把最快最有价值的信息聚合起来，从而使用户不必再浪费时间做网上"冲浪"，不必再忍受信息爆炸和广告带来的烦恼，就能实现所有互联网信息的"一站式"阅读体验。高校图书馆作为以研究为基础，服务为主导的学术研究型图书馆，其"个人门户"式的信息推送服务就是基于读者行为习惯的组合式网页根据终端自适。具体来说，利用个人门户平台，图书馆可以开展图书预约通知、文献邮件传递、在线参考咨询等业务信息推送。如有人习惯访问 CNKI，主页就将 CNKI 的信息放在前面推荐给用户；图书馆还可根据读者曾经借过的图书，经过相似分析过滤后将本馆相近或同类的，特别是新到的同类图书推荐给读者，此举非常人性化。又如，有人想借一本书却多次没有借到，相当浪费时间。有了个人门户后就不用这样费事了，读者可先在系统进行预约，当其他读者还此书时在自助借还机上是还不了的，必须到总服务台人工归还，同时系统通过个人门户平台以温馨提示的方式告知读者该书已还至图书馆，请速到总台办理借书手续等。

第二，设立信息专员开展知识服务。

从学科馆员到信息专员，不仅仅是名称的变化，更是服务模式的转变。信息专员更强调"嵌入式"的知识服务，强调将学科馆员的服务与目标用户及其需求过程紧密结合。信息专员在合作项目中的具体工作有以下四项：一是协助和参与多种服务，包括为各用户定制相关数据信息、信息管理、电子资源试用等；二是协同嵌入服务，即与合作方在深度项目上进行协同，包括从事深度文献检索、经费支持下的协同、建立数字门户和用户专用研究间等；三是文献述评，即参与到研究的各阶段，演示文献信息检索与调整评价文献、合成与数据摘录等，并最终形成可检索的数据库；四是实践指南，除了提供文献支持外还为员工创建一个引文管理数据库，方便项目组成员使用。信息专员的设立好比是为科研团队打造的"信息专家"，能更好地为科研团队提供信息服务。

第三，文献传递与快递服务。

这是将营销理论运用到图书馆的一项有偿服务。近几年来，馆际互借和文献传递是图书馆向读者提供的两种常规服务项目。馆际互借是"图书馆之间根据协定相互利用对方馆藏以满足本馆读者需求的文献外借方式"。而文献传递服务则"通常是指（图书馆）向其最终用户提供文献的一个完整过程，包括明确地表述和发出请求以及对文献的物理和电子提供过程的管理"。可见，文献传递是馆际互借服务的进一步发展与细化。

在美国，以收费为基础的文献提供服务最早于 20 世纪 60 年代在附属于学术研究机构的图书馆内开始出现，以后逐渐向其他类型的图书馆普及。据美国图书馆协会（ALA）编辑的 1998 年版《图书馆互联网文献快递服务指南》（*Internet Plus Directory of Express Library Services*）统计，设有该项服务的学术图书馆 192 家，科研机构和特殊图书馆有 92 家，公共图书馆有 77 家。在国内，开展此项服务的图书馆也不少。以重庆理工大学图书馆为例，2011 年与重庆西南大学、重庆大学图书馆建立了馆际互借关系，该校科研人员可以通过该馆信息部向两家图书馆借阅图书或申请文献传递。此外，该馆已正式加入重庆市数字资源共享平台，使该校研究人员更容易从 OCLC 许多一流成员图书馆中获取信息，满足科研需求。

随着大数据时代的来临，人们获取信息的方式越来越"终极"化，电子文献或许并不能满足所有人的要求。作者以为未来图书馆有必要向物流快递学习，将文献传递服务"物化"并及时送到有特殊需要的人手中。这些人群主要是高级职员、残障人士或其他教师在教学中急用所提供的送还文献服务。

第四，嵌入式教学服务。

高校图书馆不仅是文献资源服务中心，还肩负着教育的职能。用户信息检索技术、获取知识的能力、信息评价和利用能力等直接影响利用图书馆的状况。如将信息素质教育"微化"嵌入教学课程中，能有效提高用户利用图书馆的基本素质、应用素质及综合素质，能进行信息的分析、评价和再利用，从而充分发挥了图书馆服务职能的附加值。

第五，"纸云"融合的阅读推广服务。

当下虽然纸质图书借阅量连年下降，电子资源检索量和下载量日益增加，但纸质阅读的个性化深度阅读需求依然强烈。据数据显示，74.4%的小学生和老人更倾向于纸质阅读，其余有13.2%的人喜欢在线阅读，有9%的人倾向手机阅读，还有4%的人喜欢下载来阅读。通过分析数据我们不难看出，虽然目前纸质阅读占优势，但随着人们阅读模式的改变，其人群在被越来越多的阅读平台所吸引。基于此有学者提出"纸云"融合的阅读模式。一是利用图书馆现有的环境和自动化系统OPAC定期开展新书及经典图书的推荐、数字资源的宣传培训、各种形式的讲座等馆内推广活动；二是利用图书馆网络及微博、微信平台开展读者BBS论坛、书评、阅读比赛等活动，从而营造一个开放、共享、有序的阅读氛围。相信随着阅读活动在图书馆及全国的深入推进，无论纸质图书还是电子资源，在未来都会有巨大的增量。

（5）管理方面

大数据对图书馆的管理也产生了深刻的影响，它所具有的区域间、行业间、部门间的穿透性正在颠覆着图书馆传统的线性的自上而下的管理模式。现实表明，图书馆的有些管理已经不适应时代的发展，需要进行改革。

第一，从采访数据中提取核心书目。

这是从管理的角度对文献资源采访提出的新要求。面对海量数据，文献资源采访的现状令人担忧，既缺少经费，又大量被闲置。北京人天书店有限公司总裁邹进提出了从采访数据中提取核心书目并建立核心书目评价机制。一是出版社评价得分：出版社的市场占有率、分类图书品种市场占有率、出版社综合排名等占20%；二是作者评价得分：以往著作在图书馆的借阅率、被引用情况、专家及读者评价等占40%；三是责编评价得分：责编的专业水平、获奖情况、著作销量等占10%；四是版次评价得分：版次越多，理论上质量越好，占10%；五是其他评价得分：图书是否被列为国家重点出版项目计划、媒体推荐、装帧等占20%。可通过这五方面的综合数据来评判这本书是否可进入核心书目，从而建立一套完整的核心书目单供采访人员参考。

第二，协同合作。

协同合作是一种致力于建立长久紧密的战略合作伙伴关系的管理思想，是当下热衷的一个话题。大数据环境下，为了实现资源共享优势互补风险共担，图书馆有必要开展广泛协同合作，建立包括技术、资金、信息、人才交流在内的密切往来关系。有两个非常好的合作范例可供我们学习：一是"欧洲文化门户工程"（European Culture Portal Initiative）的电子档案馆项目，2 000多个成员在元数据标准等方面通力合作，拥有大量的书籍、绘画作品、电影和博物馆藏品；二是"开放获取知识库联盟"（The Confederation of Open Access Repositories），他们也正致力于开放获取标准等方面的合作。需要强调的是这种合作不仅涉及图书馆，而且还需要出版界、学术研究者、基金等社会相关领域的共同参与。

（6）基础设施方面

经费是图书馆得以发展的基础，同时经费紧张也是制约国内图书馆发展的共同问题，不像国外有些图书馆动辄就有上千万元的项目来支撑基础设施建设。其原因一方面在于国外有些商家确实有雄厚的经济实力去支持图书馆发展；另一方面在于国外图书馆的合作与服务意识。而国内图书馆主要靠财政支持，主动服务的意识较淡薄，所以基础设施难以跟上时代发展。借鉴国外经验，我国图书馆首先要重新定位，定位成学习、休闲、生意洽谈等场所；其次要以积极主动的个性化多样化的服务来吸引用户；最后还要善于广泛争取项目经费来改善基础设施。

信息技术的发展，让我们从"信息贫乏"时期一跃进入饱受"信息过载"之苦的阶段。图书馆海量数据的存储、分析等目前虽有些问题，但只有对数据的不合理使用。我们要学会从自发到自觉、从局部到整体、从微观操作到宏观管理的方式去应对大数据带来的各种困惑和挑战。大数据在我国图书馆的应用及推进是一项系统工程，并不是一蹴而就的。正如美国著名的信息咨询公司高德纳2012年所描述的那样"大数据的处理技术目前正处于诱发阶段，进入真正实施及应用推广阶段还需要2~5年时间"。因此在技术发展到足够高度之前，有关大数据的处理与应用还在不断磨合中，但有一点毫无疑问，那就是时代驱动下图书馆职能的演进：藏书楼—图书馆—知识加工厂—智慧图书馆。

第二节 互联网背景下大数据对图书馆行业的影响

图书馆行业是以最大限度地促进人类知识的交流与利用为己任的行业,而专业化的图书馆行业包括三个活动领域:实践活动、研究和教育。图书馆行业的实践活动旨在运用图书馆学的专业知识对文献进行加工、处理、保管、传递,对人类知识和信息进行组织、整理促进其交流和利用;从图书馆行业的定义和构成来看,其是与知识和信息有着天然和紧密联系的职业,图书馆行业如果离开了知识和信息就根本无法产生,更不会在人类社会中长期存在和持久发展了。而数据概念的外延与信息和知识的外延本身就交错重叠,不可分割,数据是图书馆馆藏资源的重要组成部分,而且学术界也普遍认同。数据作为原始类的产品可经过加工、整理和分析提炼转化为信息和知识,以便在人类生产生活当中发挥更大的作用。因此对大数据主题的适当研究是图书馆行业的分内之事,同时也是其认清时代发展方向,主动参与到社会发展之中的体现,显示出图书馆行业在信息社会中谋求生存和发展能力的迅速提升。

一、国内外图书馆行业对大数据应用分析

（一）国外图书馆行业对大数据应用的研究

图书馆学已有的研究中与大数据产生关联的包括网络计量学和文献计量学,网络计量的研究目的在于促进信息科学和其他社会科学的进步,其是通过收集和分析网络而来的大规模数据来实现的。而传统的文献计量学研究由于大数据技术的应用而极大地拓展了其研究范围,从以往只能进行简单的描述性研究扩展到评价和预测型的研究。

图书馆学研究者也参与了诸多的研究项目当中,包括为促进标准化运动而开展的"语义网社区与关联开放数据运动"(Sematic Web community and Linked Open Data initiative)等。新西兰的奥塔哥大学图书馆则承担了奥塔哥生物多样性数据管理项目的研究,部分机构如美国弗吉尼亚州立大学开始组建科学数据咨询小组,而图书馆员和数据管理者则为学者们充当了咨询顾问的角色。

麻省理工学院的一个研究项目表明,图书馆员在数据监护(Data Curation)工作当中所应承担的职责包括分析数据集合的存储需求、数据管理规划、最佳实践经验的传播、收集与传播数据集合以及完成数据保存标准的制定。乌里韦和麦克唐纳在2008年提出:数据监管工作将会得益于图书馆员传统的索引、编目和其他的信息组织技术。而LVon在2007年所提出的大学图书馆员或者学科馆员是承担数据监护任务的理想人选的观点,目前已经受到业内的广泛认同。Huwe在2009年提出要采取政治手段推进图书馆与数据中心的合并。能否实现的关键因素是看高等教育机构能否认同图书馆对学术研究的贡献与支撑

作用，而目前许多图书馆已经参与到高校机构库的管理运作当中，如果能够很好地完成这项使命，图书馆的职责才可能会被进一步加以拓展。由 Higgms 于 2008 年提出的目前非常流行的"数字监护中心生命周期模型"，Heidorn 经过分析认为，对于图书馆而言，这一生命周期中的"数据保存的规划"步骤可以并入数字机构库的文件实体管理当中。而"群体环境的观察与参与"步骤中，不同的数据实体适用于差异性的社会群体，而社会群体不断创造出崭新的标准和实践模式，这些都是图书馆需要密切关注的。

另外，美国学者对图书馆员在大数据环境下的角色和所需专业技能做了调查与设想。他们认同图书馆可以在大数据时代中承担起数据管理的职责这一观点，同时也通过实证型研究认识到目前绝大多数图书馆员并不具备数据科学家必备的素质结构，细分了这些技能并分析了差距所在。

密歇根州立大学、伊利诺伊州立大学、北卡罗来纳州立大学和亚利桑那州立大学都已经开设了大数据相关的课程和研究方向。例如，亚利桑那州立大学已经围绕元数据、数字格式和数据迁移等主题开设了数字馆藏课；诸如调试和管理服务器和数据库的应用型技术；包括采购、政策发展和组织结构等内容的数字馆藏管理；带有存储标准、软硬件和格式废弃等内容的存储课程；以及将不同技能整合好以完成数字管理方案的案例研究课程。亚利桑那州立大学目前也已经可以提供数字信息管理方向的硕士学历证书。而伊利诺伊州立大学香槟分校则开设了一个数据监护方向的硕士学历教育项目。而英国的谢菲尔德大学也在安排基于专业的信息学课程和一个新的信息学专业的理学学士学位。2011 年 6 月伦敦的国际监护教育论坛投入使用，这也给数字监护领域的培训课程体系的讨论和开发提供了一个机会。

（二）国内图书馆行业对大数据应用的研究

目前我国图书馆相关主题的研究在 2012 年还处于起步的状态，而时至今日则呈现蓬勃发展的态势，在 CNKI 中以"图书馆"和"大数据"检索期刊论文的主题，检索出的目标文章 2012 年只有 1 篇，即杨海燕发表在 2012 年第四期《图书与情报》上的文章《大数据时代的图书馆服务浅析》，到了今天（2015 年 6 月），仅限定"高校图书馆"与"大数据"检索期刊论文的主题，检索出的目标文章就有 115 篇。部分学者在研究图书馆大数据时，都会提到大数据与图书馆的信息服务问题。杨海燕在研究中提到了图书馆具备了"大数据"特征，大数据时代的图书馆服务方式、途径、模式等都将发生改变，图书馆服务可能更具有针对性和鲜明性。韩翠峰认为大数据时代图书馆的服务创新朝以下方向发展：重视大量的用户数据与信息；探索大数据分析及相关服务；利用大量的复杂数据分析技术与工具；提高图书馆服务的智能化程度。王天泥的研究认为，大数据为图书馆知识咨询带来了发展机遇，知识咨询是大数据时代图书馆咨询服务的新模式；数据资源与人才建设是图书馆知识咨询发展的两大驱动因素。朱静薇、李红艳则构建了基于大数据的图书馆服务模式，主要表现为：基于数据整合的一站式资源服务；基于数据分析的学科知识服务；基于数据应用的信息可视化服务；基于数据挖掘的智慧服务。李鹏云对大数据时代的图书馆服务进行了思考，认为图书馆为了适应大数据的要求，应该开展准确的数据推送服务、细粒度个性化服务和深度的参考咨询服务。裴昱指出，大数据为图书馆带来创新转型的可能性。图书馆将会发生相当程度的角色转变，应该改进用户行为信息的利用方式，进而在个性化信息服务的大潮中取得较好发展。孙琳认为图书馆服务体系创新研究与发展方向为：高度关注和重视大量的图书馆用户的数据和信息；着力提升图书馆服务的智能化程度；积极探索和分析大数据及其相关的服务；充分利用大量的复杂的数据分析技术与工具；未来图书馆大数据发展的模式是知识中心。石薇芬认为大数据时代下图书馆应从以下几方面着手提升自身服务：定位用户需求；完善图书馆网站设计；进行个性化推荐。黄铁英在研究中指出，大数据背景下图书馆服务要适应数字化阅读的发展，对各学科的知识都有一定深度的了解，并与读者开展多种互动。

二、国内外图书馆大数据应用实践

2012年4月26日，有消息称哈佛大学图书馆将要把图书大数据公之于众。这些数据共计由73家图书馆分馆提供，共涵盖了1 200多万种资料，内容包括书目数据、收稿、地图、视频和音频等。这些数据将会在美国数字公共图书馆（Digital Public Library of America）中提供下载，哈佛大学图书馆实验室的副主任称，每种馆藏均提供了尚未发现针对大数据概念和技术的资源采集和特色服务多达10个不同属性的值，以此来促进世界范围图书目录的开放以及对新型应用性产品的研发。

美国俄亥俄州OverDrive公司是一家电子书、有声书等信息产品的多渠道经销商。其2012年4月所发布的第一辑《大数据报告》中称，该公司长期以来与大量各类型的图书馆合作，从图书馆中收集数据提供给出版商和其他有合作关系的图书馆，供其开放存取，这些数据主要包括电子书和数字有声书的流通状况、读者的图书需求状况、图书馆网站访问的拥堵状况和人口统计学等信息。该公司由分析数据发现，图书馆的电子书借阅也会促进出版与经销商图书的零售额，特别是图书馆网站上的读者推荐阅读书目和出版商的营销活动，都会培养消费者对出版商的忠诚度，而同时，OverDrive公司也会通过BuyItNow网上商店等渠道为图书馆提供其所不具备的书目记录，因而也给读者预备了发现图书的崭新途径。

部分高校图书馆就"数据监护"展开探索性的实践和研究，也获得了不少有益的启示。而巴斯大学在2012年初成功获得英国联合信息系统委员会（JISC）的资助，以帮助其完成Research360（R360）项目，从而达到在机构内嵌入优质的数据管理实践过程的目的。R360项目开发出了包括六道程序的示意图。其同时还列出了在科研数据管理过程的不同操作中大学图书馆可以提供哪些支持性的信息服务并归纳出四点工作原则，分析得出了图书馆当中与科研数据管理相关的职位及其职责、要求和需维护的社会关系。在专门职位设置方面，巴斯大学则指定了一位机构的数据科学家参与到 R360 项目中，其职责在于推动跨机构研究数据的管理实践。

可以看出，在西方国家特别是美国，各高校对数据监护实践活动的开展已经较为普遍，都设置了专门的岗位将数据监护作为一项特色性和前沿性的服务加以推广，并在实践当中不断总结经验教训。而支持专门科研项目的数据服务也已经开展，对于普渡大学和伊利诺伊州立大学联合申请的"数据简介"项目，新西兰奥塔哥大学图书馆承担的奥塔哥生物多样性数据管理项目，以及弗吉尼亚州立大学所组建的科研数据咨询团队，图书馆员和数据管理员在这些项目当中都承担了为科研人员提供咨询指导的任务，诸如帮助其确定项目数据管理需求，并将所有资源需求用已有的数据监护工具加以可视化。相比之下国内不仅研究方面凤毛麟角，另外也还尚未发现针对大数据概念和技术的资源采集和特色服务活动，因而可以看出国内业界对大数据的应用落后于国外相关领域的实践进度，因此需要在理论界加以深入研究和广泛宣传的同时，加快引进国外先进的技术与应用。

第三节 互联网背景下大数据时代图书馆学研究

从科学研究这一视角来看，大数据作为新兴的信息技术之一，必然会吸引图书馆学者的注意力，并对图书馆学研究范式产生较大的影响，处于大数据时代的图书馆学研究也将呈现新的研究动向。

一、互联网背景下我国图书馆研究前沿动态

有学者的统计与分析表明，我国图书馆界一直保持着对新兴信息技术的敏感度，对新技术的研究将是今后图书馆学研究的热点之一。为了了解我国图书馆学研究（范式）的进展，通过查阅中国知网、万方、维普等大型数据库，发现针对图书馆学研究范式、问题与方法的文献并不多，较早探讨图书馆学研究范式问题的是傅荣贤（2009），他指出，图书馆学价值目标应该从一元走向多元；要颠覆图书馆学研究方法中对广泛的一致性话语的追求，运用多元并存的思维方式开展当代图书馆学研究。张力（2009）认为，在图书馆学研究范式理论中，传统的范式（如机构范式和系统范式）均存在共同缺点；在图书馆学范式的研究中，对人文属性的研究处于基础地位，必须加强和重视图书馆学范式理论中对人文属性的关注和研究。傅荣贤、马海群（2010）回顾了图书馆学研究范式的历史演进过程，反思了实践论范式和价值论范式的不足，认为实践论范式应成为当代图书馆学研究范式的首要选择。高淑琴（2012）对常用的图书馆学研究范式（如规范研究、实证研究、定性研究与定量研究等）概念进行了辨析，认为图书馆学研究应坚持多种研究范式并存与互补。葛同园（2013）探讨了话语分析理论在图书馆学研究领域的应用，指出这是一种独特的图

书馆学研究方法。王梅、王杉（2013）的研究认为，当代图书馆学研究由学理性范式向技术性范式转换；图书馆学研究的技术性范式根深蒂固，但需要发展更新，学理性范式和技术性范式应相互补充。陈秀英（2013）认为，图书馆学研究要倡导人文品质，人文精神是图书馆内质性的理念归宿；应真正发挥图书馆学人文性研究范式的作用。储流杰（2013）对图书馆学研究充满疑虑，认为图书馆学当代困境和危机的根本原因之一是思维理性和研究范式的极端单向化；图书馆学要走出当代困境和危机必须加强基础研究，强化学科和问题双重意识等。郎筠、韩亮（2013）指出，定性与定量研究是图书馆学研究中的两个基本范式，将两者充分结合是图书馆学研究必须遵循的基本原则。

2013年有学者特别关注"图书馆学研究中的问题与方法"这一主题，以白君礼为典型代表。他首先指出，图书馆实践和理论研究以问题的存在为前提，图书馆学研究要树立问题意识。接着又探讨了问题与方法的关系，认为图书馆学研究应坚持理论、问题与方法的有机统一。随后又对图书馆学研究中问题的过程（如发现问题、提出问题、表述问题、解决问题等）进行了分析，然后针对图书馆学研究中发现问题的途径进行细化研究，最后还阐述了我国目前图书馆学研究中缺乏问题意识的具体原因。另有学者罗金增（2013）对图书馆学研究方法的主要缺陷进行了剖析，呼吁图书馆学应加强定量研究和弘扬实证研究。

自图书馆学诞生以来，图书馆界的学者围绕图书馆学的现象与本质、发展等问题进行了持续的思考和研究，形成了较为独特的研究范式和方法；当然，图书馆学研究范式也是随时代的发展变化而变化的。目前有关图书馆学研究（范式）的文献不多，这与图书馆学的学科研究和可持续发展是格格不入的，不能不说是一大遗憾；但对于人们科学地认识图书馆学的价值观与方法论、清楚地了解图书馆学的基础理论并为之积极地付诸实践，具有一定的参考价值和现实指导意义。通过对目前发表文献的梳理，图书馆学研究范式划分为三大类别：学理性、人文性和技术性。从当前的趋势来看，图书馆学研究范式由学理性向技术性范式转变似乎较为明显，因为每一项新兴信息技术的出现都会引起图书馆界的关注和共鸣，甚至在学界产生激烈的争论。大数据时代的来临必定对图书馆学研究（范式）产生较大的影响和冲击，也将激发一些新的研究主题。那么，大数据对当前的图书馆学研究会产生什么影响？受此影响的图书馆学研究究竟将会出现哪些新动向？这正是大数据时代的图书馆学者应该正视的问题。

二、大数据对图书馆学研究影响

（一）大数据对图书馆学研究的影响

1. 影响图书馆学研究范式

美国匹兹堡大学信息管理学院院长拉森教授在报告中指出，大数据时代科学研究范式将发生变革：最初是观察，然后是理论，接着是计算和模拟，现在是理解海量数据和信息。长期以来，人们将学术活动分为四个阶段，即灵感（Inspiration）、构思（Formulation）、分析（Analysis）和成文（Documentation）；而在大数据时代，科学学术活动将出现第五个阶段——加强学术资产的重用性（Preparation of Research Assets for Reuse）。大数据将驱动一整套新的科学研究，学者可以利用共享数据进行深入研究，如利用哈勃望远镜对太空的观测数据、科考船的航海数据等。人类在数据共享上已经取得了初步成果，关联开放数据（Link Open Data）就是一个很好的实例。大数据时代中，较多国家的政府和研究机构充分意识到了分析和处理大数据的迫切需求，并着手开始了大数据的研发计划；而在此过程中，科研活动也会产生大量的数据。大数据对人类的科学研究范式产生巨大的影响，关联科学（Linked Science）成为一种新的科学研究支撑范式。大数据对科学研究范式的影响也会波及图书馆。图书馆是大量数据的集中地和知识服务、学术信息交流中心，各类型的数据将是未来数字图书馆的重要组成部分；特别是科学研究数据和元数据将成为分布式、整合式数字图书馆的"主力军"。数据范式将成为一种新的图书馆学研究范式。图书馆界的学者应当适应这种新科学研究范式，积极开展图书馆与大数据的相关理论和实践研究，探索图书馆应用大数据的可行方案，跟上大数据的时代发展。

2. 影响图书馆学学术交流

大数据时代的到来使得科学数据的产生和积累迅速增长。大数据环境中，科研人员可能更青睐于网络数字资源，除在传统纸质刊物发表研究成果外，博客（微博）、SNS 网络虚拟社区、开放获取等成为较为便捷的学术交流方式，网络"灰色文献"成为科学研究重要的参考信息源之一。面对大规模的海量数据，如何建立和完善更多元、深刻的学术交流体系显得日益迫切。图书馆是公共信息的集中地，是社会知识提供和服务中心，在传统的学术交流中，图书馆具有独特的优势。然而，大数据的发展对图书馆学的学术交流模式产生较大的影响，数字文献和数字出版成为数字化市场新的转折点，开放获取期刊、机构知识库发展迅速，数字流通逐渐成为大数据时代的主流。从大量的数据中分析其潜在的价值将成为大数据时代图书馆的一大主要业务。在新的学术交流体系形成的过程中，图书馆应认真思考和研究大数据时代的学术交流模式，营造支持科研创新的知识服务环境，建立集数据和文献于一体的新型数字图书馆，并尝试实践数据与信息融合的互操作平台，使学术交流的全过程可以在大数据开放的环境中进行，提高科学研究的成效。

（二）大数据影响下图书馆学研究新动向

1. 新的图书馆学研究范式——数据范式

人类社会的发展逐渐积累和形成了科学研究的基本范式：经验范式、理论范式和模拟范式。而当今借助于信息与网络技术的发展推动，大量科学数据得以产生，被称为"大数据"的新科学基础设施逐渐形成，从事科研活动的科学家和学者们把数据作为科研活动的新对象和工具，基于大数据来从事科学研究。于是，一种新的科研模式——数据范式应运而生了。所谓数据范式，是指先将获取和生成的大量数据经数据处理后存储在超大容量的计算机中，科研人员运用数据管理的原理和方法对大数据库进行数据分析和挖掘，形成新数据库，并据此产生新的思维，研究出新的科研成果。图书馆学研究常常处于新信息技术的风口浪尖，必然会受到影响。大数据时代的来临将促使图书馆学研究范式在学理性、技术性、人文性等范式的基础上形成新的图书馆学研究范式——数据范式。图书馆学研究包含大量的理性思维过程，学理性范式是图书馆学研究的基本范式；图书馆学研究要紧跟新时代，技术性范式紧跟图书馆发展的新阶段；图书馆学研究要弘扬人文品质，人文性范式是图书馆学研究精神属性的归宿；数据范式则是当前大数据环境中图书馆学研究范式的新思维模式，标志着图书馆学研究即将迈入一个新的时代。从大量的数据中分析、提炼和挖掘出有价值的信息进而提升图书馆的服务水平，是大数据时代图书馆的主要业务之一。

2. 以问题为导向的研究——图书馆究竟需要什么样的大数据

有学者认为，中国的图书馆学研究普遍缺乏问题意识，要想使我国图书馆学的发展速度更快，必须使图书馆界具有问题意识，反对简单化倾向。大数据给图书馆带来了良好的发展机遇，但同时也给图书馆带来一些挑战。虽然目前图书馆界有相当一部分学者投入到大数据的研究热潮中，也涌现出一批富有参考价值的研究成果，但这并不意味着图书馆界对大数据的研究趋于成熟。而恰恰相反，我国图书情报领域出现了一些质疑大数据研究的声音，对图书馆界研究大数据的科研水平和技术力量感到怀疑。比如，常常会被问到下列问题：究竟什么是大数据，图书馆哪些数据可称之为大数据？大数据能给图书馆带来什么影响？图书馆学者研究大数据有无价值？图书馆如何正确认识和把握大数据的潜在优势？如何提高大数据分析能力和服务水平？图书馆如何建立软硬件一体化集成的大数据综合管理方案？大数据解决方案与图书馆的知识创新和服务模式、数据存储和分析技术有什么必然的联系？等等。大数据影响下图书馆学研究出现新问题乃至新质疑是正常的，关键是我们应该以这些新问题为导向来开展研究。大数据时代的图书馆学研究不应盲目跟风，而要有自己的主见和思考，首先应该弄清楚这个问题："图书馆究竟需要什么样的大数据。"这实际牵涉到图书馆在大数据环境下的定位问题。当然，大数据技术的发展与应用会遇到很多意想不到的问题，这需要图书情报界和业界人员的积极理论研究和实践探索。

3. 以服务为基石的模式——图书馆科研用户服务模式

对于图书馆而言，服务是基石、是根本，图书馆所有业务的开展都应该遵循"为读者提供满意的服务"这个宗旨；图书馆从事科研活动也不例外，特别是对于研究型图书馆来说更是如此。在大数据时代，如何提高图书馆对大数据的分析、处理能力以及为科研用户的服务能力和水平，是大数据影响下的图书馆学研究新动向之一。解决该问题的关键是：图书馆要努力构建功能较强的科研数据管理平台和科学的科研用户服务模式，实现图书馆科研用户服务能力的提升，推动图书馆行业的可持续发展。当今图书馆的数据量日益增多，科研数据的积累也在不断增长；构建有效的科研数据管理平台和科学的科研用户服务模式对于保护数据免于丢失、实现科学数据交流和共享、节约科研成本等具有积极的作用。首先，图书馆应承担起科学数据组织的职责。研究人员的科研数据除保存在相关学科库之外，建立机构仓储是另一重要的选择。机构知识库的设想是保存机构成员的研究成果，并提供出版机会，既有存储的功能，又有检索和服务的功能。其次，图书馆应提供科研数据分析服务，这是构建图书馆科研用户服务模式的关键一环。科研数据分析服务是图书馆开展科研用户服务的基础，是大数据时代图书馆科学数据服务的发展趋势之一，融汇了更多的智力活动。图书馆进行科研数据分析，将科学数据进行关联，帮助用户更好地利用数据。因此，图书馆特别是研究型图书馆的未来发展之路应该是努力构建嵌入科研一线的知识化科研用户服务模式，这种知识服务模式更加强调图书馆必须更为直接地服务于科研人员。

4. 关注大数据时代的数据引证研究

张兴旺学者分析了大数据对图书馆学的主要影响，其中信息计量学和网络计量学将深受大数据理论与应用研究的积极影响，在研究内容、研究对象和研究方法上将获得新的发展契机。数据引证研究将作为大数据时代一项新的研究内容受到图书馆界的关注。自2011年起，较多国际组织举办了以"数据引证"为主题的研讨活动，但与图书馆学信息计量学相关的文献还比较少。国际上对数据引证的研究已取得了一些新的进展；但在国内，这项研究尚处于探索阶段。当今大数据时代，新的科学研究范式（数据范式）兴起，数据引证显得越来越重要，数据引证研究必将在图书馆界掀起波澜。因为数据引证将成为受大数据驱动的信息计量分析领域新的研究对象，数据引证将促使图书馆的信息计量分析深入到知识单元。由此可见，数据引证研究将逐渐受到图书馆界学者的青睐，具有较大的研究潜力。当然，由于数据具有复杂性，特别是大数据的复杂性更加突出，数据引证作为图书馆学新的研究动向之一，在理论研究和实践中必定会遇到一些问题和困难，这就要求图书馆界的学者不断探索和创新。

第五章　互联网背景下高校图书馆资讯数字化服务平台建设

第一节　信息服务建设内容与结构

一、信息服务建设的内容

（一）资讯中心信息服务的分类和内容

资讯中心开展的信息服务就是以知识为核心的服务。信息服务活动一般可分为知识服务主要活动和知识服务辅助活动两类。知识服务主要活动机理特征表现为知识管理、知识转化、知识服务；知识服务辅助活动表现为组织管理、质量管理、环境管理。各类信息服务活动在资讯中心对外服务过程中都以不同的方式发挥着重要作用。

知识服务主要活动的机理特征是影响知识服务平台构建的关键因素。图书馆资讯中心数字化服务平台是围绕工作人员面向校外企事业单位和居民进行知识挖掘、处理、转化、存储、传递的管理界面，是校外企事业单位以及居民用户进行信息获取、交流、利用、创新、共享的操作系统，是将知识融入服务的多层次、多功能的管理服务体系。数字化服务平台是直接影响知识服务活动的技术支撑，也是图书馆服务系统功能实现的关键。图书馆想要提升知识服务能力、为用户提供理想的知识服务环境和服务成果，就必须深入研究和分析知识服务主要活动机理特征，优化构建知识服务平台，创建一个先进、开放、有序、动态和高效的知识存取、交流和共享的空间。

信息需求是资讯中心面向企业和居民开展信息服务工作的基础，企业和居民信息需求的内容和特点是资讯中心对外信息服务工作的指导和依据，尤其在面向开发区各企业园区和企业服务时，了解企业信息需求显得十分重要。总结起来，企业的信息需求主要包括国家或地区相关政策及法律法规需求、企业竞争情报需求、企业动态信息需求、金融信息需求、专利信息需求。

（二）国家或地区相关政策及法律法规

国家或地区有关的政策法规是企业发展的推动者，尤其是不同国家和地区对企业的各种优惠政策。企业对国家或地区政策和法规的信息需求包括国家或地区的产业结构及布局信息、产业组织政策及技术政策信息、企业科技创新政策的改革动态、科技创新的优惠政策、相关标准文献信息、知识产权政策、价格政策以及企业法规等。国家或地区的相关政策及法律法规信息具有较强的权威性。因此,资讯中心在企业信息服务中一定要注重信息源的可靠性和权威性,以便及时准确地为企业提供相关国家或地区的政策和法律法规。

(三) 企业竞争情报

竞争情报是企业为赢得竞争优势,通过合法合理手段开展的与竞争环境、竞争对手以及竞争策略相关的经营活动的总和。竞争情报对企业具有强大的环境监测功能、市场预警功能、技术跟踪功能、策略制订功能和商业秘密保护功能。因此,企业界对竞争情报信息的重视程度越来越高,企业竞争情报服务也成为资讯中心面向企业提供信息服务的重要内容。然而,竞争情报信息具有很强的隐蔽性和零散性,这无疑给资讯中心的企业竞争情报服务工作增加了难度,要求资讯中心加强对竞争情报的识别、加工和处理,提高企业竞争情报的收集、分析和加工能力,保障企业竞争情报需求。

(四) 行业动态信息

行业动态信息是有关企业本行业或相关行业的科研状况和发展趋向的真实需求反映,是企业进行再生产和进行技术创新的参考和依据。企业的行业动态信息需求包括：国内外相关行业的相关技术发展的现状及趋势；本行业内新产品、新工艺、新技术、新材料及新设备的引进与改进状况和技术标准；国内外相关的科技会议、产品展览会、相近行业取得的科研成果以及所达到的技术水平；实用性强、成本低、易转化的科研成果信息等。这些信息经过高度浓缩和提炼,具有较强的新颖性、综合性、专业性、针对性和实用性。资讯中心在信息服务中需要充分考虑企业对于行业动态信息需求的特点。

(五) 金融信息

企业生产中原材料的购买、技术和设备的引进以及人才的吸纳等都需要大量的资金做保障。因此,企业对金融信息的把握便成为其生产管理活动中不可缺少的重要一环。企业对金融信息的需求包括与企业有关的国家的税收和附加税、银行的科技贷款、风险资金的规模与投向、企业创新活动中的金融支持、企业内部的财务及国际经贸信息等。这些信息广泛分布于银行、风险投资公司、企业及其他领域,具有较强的零散性和广泛性。资讯中心需要及时地跟踪分析,从中获取有价值的、最新的金融信息服务于企业。

(六) 专利信息

据世界知识产权组织统计,全世界有90%～95%的发明成果最先在专利文献上公布,大概70%的成果只出现在专利中；95%～99%的技术问题可以通过专利检索解决；利用专利文献可以缩短60%的研究时间,节约40%的研究经费。由此可见,专利信息对企业的重要性。资讯中心通过企业专利信息服务,加快企业对相关的专利信息的应用,及时了解最新科研成果信息,以帮助企业解决技术难题,加快创新步伐,提高创新效率。另外,企业通过资讯中心专利信息服务还可以及时了解企业的创新是否涉及别人的知识产权、关注国内外已经公开的在研科技项目是否对自己构成威胁等,以免陷入不必要的产权纠纷,以更好地保护企业自身的专利。

二、面向企业的资讯中心信息服务的结构

（一）面向企业的资讯中心信息服务的结构

面向企业的资讯中心信息服务的结构如图5-1所示。该结构是以分布式网络和计算机环境为技术基础,基于多元化资源,围绕企业信息活动和信息服务平台来组织、集成、嵌入信息资源和服务,通过个性化定制、主动推送、自助式服务等方式主动地为企业提供文献信息服务、个性化服务和知识化服务,支持企业自主处理信息、提炼知识、交流协作和解决现实问题,动态地满足企业信息需求。

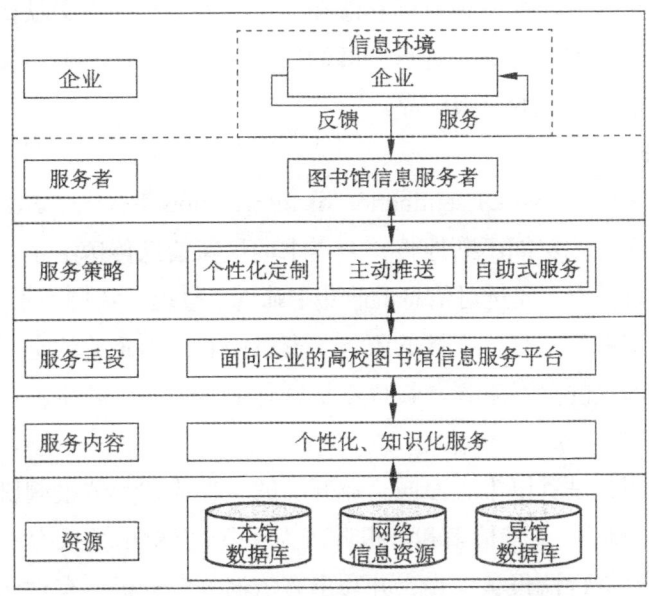

图5-1 面向企业的资讯中心信息服务的结构

（二）面向企业的资讯中心信息服务的内容

从信息生产的角度考虑,资讯中心利用信息化手段为企业提供信息服务,其过程涉及信息采集与获取、信息抓取、信息加工与处理、信息存储、信息传递与推送等流程,方便资讯中心成员组织、整理、存储和利用各类相关的数字信息资源,快捷有效地为企业提供其生产研究所需的一系列信息管理服务和资讯内容,包括相关的行业、企业新闻动态,科研论文,科技动态分析,企业专利信息等。

1. 文献服务

文献的借阅、查询和传递主要是指资讯中心的馆藏资源的借阅、查询和传递服务,

包括图书、期刊、报纸等纸质型和电子型资源。企业通过高校图书馆的信息服务平台能够实现对纸质型和电子型资源的借、还服务，满足企业对纸质型和电子型的馆藏资源的信息需求。

2. 企业剪报服务

企业剪报服务主要是指资讯中心通过把分散于各种报纸的专题信息，经过剪辑，汇集在一起并传递给企业的一种方法。企业剪报服务是由高校图书馆的剪报工作人员对大量报刊资料进行浏览、分析、归纳、整理、确定专题，再通过剪贴、复印、扫描等加工手段，编辑成具有一定价值的专题信息资料册，提供给企业，供其浏览学习，或有目的地查询的一种服务方式。

3. 企业审题信息服务

企业专题信息服务是资讯中心专业的企业咨询人员为社会企业的个人和团体提供的一种有偿信息服务形式。这种服务形式是由专业的企业咨询人员在深入细致的企业研究和课题研究的基础上，针对企业的咨询目标和潜在的信息需求，提出文献检索编制方案，并在企业的认可下，在一定的时间内，进行全部的信息收集、整理与编制加工工作，最终提供一套符合实际企业信息需求的情报产品。

4. 企业定题服务

企业定题服务（Selective Dissemination of Information Service，SDI）是资讯中心根据企业信息需求，一次性或定期不断地将符合需求的最新信息传送给企业的服务。也是指资讯中心根据企业信息需求，通过对信息的收集、筛选、整理并定期或不定期地提供给企业，直至协助企业完成课题的一种连续性的服务。资讯中心面向企业的定题服务是情报检索的引申，是一种特殊形式的检索服务。其特点是具有主动性、针对性、有效性。

5. 企业科技查新服务

企业科技查新服务是资讯中心面向企业开展的文献检索和情报调研相结合的情报研究工作，它以文献为基础，以文献检索和情报调研为手段，以检出结果为依据，通过综合分析，对查新项目的新颖性进行情报学审查，并写出有依据、有分析、有对比、有结论的查新报告。也就是说，科技查新是以通过检出文献的客观事实来对项目的新颖性做出结论。因此，科技查新有较严格的年限、范围和程序规定，有查全、查准的严格要求，要求给出明确的结论，查新结论具有客观性和鉴证性，但不是全面的成果评审结论。这些都是单纯的文献检索所不具备的，也有别于专家评审。

6. 企业竞争情报服务

企业竞争情报服务（Competitive Intelligence Service，CIS）也称为 BIS（Business Intelligence Service）。竞争情报是指关于竞争环境、竞争对手和竞争策略的信息和研究，是一个过程，也是一种产品。因此，资讯中心面向企业的竞争情报服务就是专指资讯中心面向企业提供的竞争情报产品和过程的服务。企业服务过程包括对竞争信息的收集和分析；产品包括由此形成的情报和谋略。

7. 企业专利信息及标准服务

企业专利信息服务是资讯中心面向企业开展的与专利相关的信息服务，主要包括专利信息的查询和检索。专利信息的查询主要是针对专利文献信息的查询。专利检索是高校通过专业的专利数据库，如 STN 和 DIALOG 等，帮助企业检索所需的专利信息，检索结果通常具有准确度高、分析深入的特点。标准服务是为企业提供有关产品生产、销售以及技术等相关的国家、技术、专利等的标准服务，包括国家标准、国际标准、行业标准、企业标准等。

8. 企业参考咨询服务

资讯中心的企业参考咨询服务大致可分为两种类型，一种是传统参考咨询服务，是以资讯中心咨询馆员和馆藏资源为中心、以纸质文献为基础、以手工操作为主要工作手段、以参考咨询台或参考工具书室和信息检索室等为服务场地、以到馆读者为主要服务对象；另一种是数字参考咨询服务，以用户为中心、以数字化电子文献为基础、以计算机网络操作为主要工作手段、以资讯中心网站或虚拟咨询网站为服务平台、以通过网络利用本馆资源的一切用户为服务对象。网络环境极大地拓展资讯中心企业咨询服务的范围和内容。从咨询范围看，数字化环境的形成使得教育培训服务、定题和专题服务、馆际互借与文献传递等都融入了企业参考咨询服务的范围；从咨询内容看，各种信息技术的利用使得企业参考咨询服务的内容向深度发展，由提供文献咨询转向提供信息咨询和知识咨询。

数字化咨询是资讯中心传统参考咨询在网络环境下的延伸与发展。各种网上咨询方式既独立存在又相辅相成，共同构成数字参考咨询服务体系。

9. 企业商业经济信息检索服务

企业商业经济信息检索服务是在资讯中心信息检索服务的基础上发展起来的面向企业的信息服务内容之一。随着市场竞争环境变得越来越激烈，企业需要的信息越来越深层次化和专业化，传统的资讯中心的信息检索服务已经不能满足企业商业经济信息的需求，资讯中心需要通过信息检索服务生产出附加值更高的商业经济信息，以满足企业深层次的商业经济信息需求。

10. 企业战略决策咨询服务

战略决策是企业战略管理中极为重要的环节，起着承前启后的枢纽作用。战略决策依据战略分析阶段所提供的决策信息，包括行业机会、竞争格局、企业能力等方面。面向企业的战略决策咨询服务是资讯中心通过综合企业各项信息确定企业发展战略及相关方案的咨询服务活动。在企业战略决策咨询服务过程中的战略实施则是更详细地分解展开各项战略部署，实现企业战略决策意图和目标。

第二节　数字化服务平台内容及规划

一、数字化服务平台内容

在资讯中心信息服务平台中，与企业关系最密切的要素包括服务产品、服务提供者、服务的技术或手段、服务策略与方式等要素。企业信息服务将从企业利用信息活动的全过程及企业复杂信息活动的角度重新审视资讯中心企业信息服务系统的功能，充分注意到资讯中心企业信息服务系统中各个要素间的合理配置。

当前，先进的全媒体技术、通信技术、网络技术、数字技术和泛在技术正在从根本上影响着图书馆知识服务活动的机理。优化构建一个智能、高效、可靠、安全的，适应知识服务活动机理的知识服务平台，是图书馆所面临的重要课题。知识服务平台是图书馆知识服务的基石，必须优化构建。它的功能模块可以包括知识采集平台、知识处理平台、知识存储平台、信息分类与检索平台以及信息传递平台。

1. 知识采集平台

知识采集平台的主要任务是采用现代挖掘技术多途径获取信息，并对不同来源、不同表现形式的信息在统一标准平台上进行加工、链接与处理。通过互联网挖掘技术，不仅可以获取相关信息，还可以对这些信息进行智能化抽取、转换、分析和模型化处理，挖掘出新颖的、有效的显性知识，并能够通过分析、提取、重组、整合等获得隐性知识。互联网挖掘技术能够对信息内容进行深层次的分析与加工，向用户提供能够用于科学研究、解决问题的规则和模式。这是图书馆信息服务的发展趋势。

2. 知识处理平台

知识处理平台的主要任务是将采集到的信息进行知识化处理，形成系统容易存取的模式，并存放于知识库中。由于知识表现形式的复杂性，需要重新进行整理、编码、存储，建立相关知识条目的逻辑链接关系，以实现快速搜索和存取。知识被编织成各种关系模式，再依次经过组织与重组，变成关联化与类别化的动态知识组合模块，并对其进行描述、评价、揭示、类聚和链接后，形成相互印证、相互关联的知识集合，即知识库。知识库是结构合理、类型齐全、相互依存、相互补充的知识资源保障体系，是一个知识资源管理与服务的系统。为了保证知识库得到良性发展，就需要重点考虑上缴机制、管理维护、质量控制等长期运行机制及知识产权保护等问题。

3. 知识存储平台

知识存储平台的主要任务是将知识库的信息分析过滤，转化为结构化的动态关联知识模块，并存放于知识仓库。知识仓库不同于一般的知识库。它是按某种特定的知识结构将无序信息加以组织整合而成的,具有强大的使用功能。知识仓库能够根据用户的知识需要,按照使用目的创建新的知识体系,体现了知识的创新过程。在帮助用户使用知识方面,知识仓库要比知识库更有效率。有效地使用知识仓库技术可以使知识有序化与关联化,方便知识检索,加速知识流动。将知识挖掘技术与知识仓库技术有机结合,从而提高知识获取过程中的演绎和推理能力。

4. 信息分类与检索平台

构建统一检索平台就是要求将图书馆所购买的所有中文数据库通过一个 Web 检索平台进行发布和检索,该平台已集成了图书馆的所有中文数据库。读者在图书馆查阅中文电子数据库时只要登录该平台,进行一次检索就可得到所购买的所有中文电子数据库的信息。一方面,使读者从纷繁复杂的数据库检索中得以解脱出来,不再需要去适应每个数据库的检索界面和检索要求,更重要的是读者不用在每个数据库中来回检索和管理了,从而将更多的时间用于科研和工作学习中,极大地满足了读者的需求。另一方面,也大大减轻了图书馆在数据库资源培训方面的压力。统一检索平台所带来的高质量的数字化资源是有效地进行数字化学习的重要保障。

5. 信息传递平台

知识传递平台是实现知识浏览、知识传送及知识创造等功能的服务系统。该平台将特定用户的知识需求传递给知识存储系统,再根据用户的需求对知识内容进行动态地和连续性地组织,并将知识传递给用户。用户可以在传递平台上相互交流与探讨,实现显性知识和隐性知识的共享,从而达到知识价值递增效应。推送技术和智能代理技术是知识传递的重要手段。推送技术是指在指定时间内把用户选定的数据自动推送给用户的信息发布技术,其主要模式有频道式推送技术、邮件式推送技术、网页式推送技术、智能软件式推送技术等;智能代理技术能够根据用户的需求,代替用户进行各种复杂的工作,如信息的查询、筛选与管理等。

二、数字化服务平台规划

面向企业的开放式文献信息服务是指在资讯中心提供的企业信息服务设施或服务终端以及资讯中心信息服务平台上进行的企业的文献信息获取和利用活动。企业可以自主、自动的获得文献信息服务,保证平台服务策略和服务内容具有较强的针对性。面向企业的资讯中心开放式文献信息服务平台环境如图 5-2 所示。

1. 平台构建

在资讯中心开放的物理环境和虚拟的网络环境下,资讯中心通过建设文献资源服务体系、服务内容和服务策略实现企业文献信息服务。资讯中心的主要工作是以信息资源管理与服务平台的建设、提供与维护为任务,给企业提供文献信息获取中解决问题的工具、策略、方法来引导企业的文献信息活动。

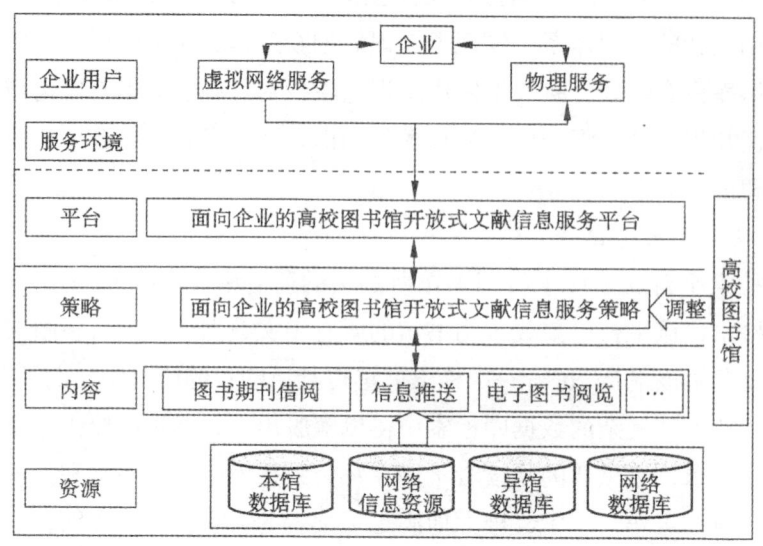

图 5-2 面向企业的资讯中心开放式文献信息服务平台环境

2．平台服务内容

面向企业的资讯中心文献信息服务平台主要服务内容包括传统的图书借阅服务、期刊借阅服务、复制服务，以及数字图书馆信息服务实践中的电子图书阅览服务、信息检索服务、电子公告板服务（BBS）、信息推送服务、文件传送服务（FTP）、数字参考咨询等服务项目。

面向企业的开放式文献信息服务平台是资讯中心信息服务创新的重要平台之一。该平台通过构建开放式的服务环境，实现资讯中心文献信息服务内容和项目的无差别的共享，具有很强的开放性和自主性。目前，资讯中心开放式文献信息服务的内容和范围还不够深入，资讯中心需要建立一个完整且具有特色的服务体系还需要努力，但随着企业信息需求变化和资讯中心业务流程的重构，开放式文献信息服务需要不断升级为更高层次的服务。

面向企业的资讯中心个性化信息服务平台构建在个性化信息服务思想的指导下，资讯中心开展企业个性化信息服务平台的优势在于能根据企业信息使用的习惯，通过企业特征的提取和分析，发现企业信息需求，主动组织馆藏资源，创建面向企业的个性化的服务平台和环境，向企业提供信息服务。企业个性化信息服务平台能够在满足企业信息需求的同时，分析并引导企业的信息需求，帮助企业发现并挖掘其潜在的信息需求。因此，构建面向企业的个性化信息服务平台是资讯中心开展企业信息服务的重要举措。

第三节 面向企业的个性化信息服务平台构建

资讯中心企业个性化信息服务平台以满足企业的信息需求为目的，是培养企业个性、表现企业个性的服务。平台主要实施措施包括企业信息服务定制、企业信息推送服务、垂直门户、企业智能代理、企业级 My Library、企业呼叫中心等。

一、面向企业的个性化信息服务平台的特点

面向企业的资讯中心个性化信息服务平台包括两个方面的特点：①企业根据自身需求在资讯中心个性化信息服务平台定制所需的资源、信息和服务；②资讯中心个性化信息服务平台针对企业的个性和特点，主动为企业选择并传递资源、信息等动态信息。

在企业个性化信息服务平台上，企业的认可是平台的出发点，主动服务是平台的基本模式，双向沟通是平台的成功要因。平台通过建立面向企业的个性化服务机制与企业进行零距离的双向交流、互动，设计企业所期望的个性化信息服务模型，既可实现企业当前的、明确的需求，又能满足企业未来一段时间的、潜在的信息需求。企业个性化信息服务具有以下特点。

1. 以满足企业个性化信息需求为目的的主动服务

面向企业的资讯中心个性化信息服务平台是一种能够满足企业个性化信息需求的主动服务、以企业为中心的服务。平台通过对企业个性、使用习惯的分析，提取企业信息使用的特征，主动向企业提供其可能需要的信息实现信息推荐服务；平台能帮助资讯中心发现企业个体的个性，并针对不同的企业个性主动采用不同的个性化服务策略，设计适合企业行业信息需求特点的个性化信息服务，帮助企业定制个人服务，提高服务效率和服务质量，从而使企业的个性化需求得到最大限度的满足。

2. 以现代网络信息技术为支撑的网络服务

面向企业的资讯中心个性化信息服务平台是以现代网络信息技术为支撑的网络服务平台。计算机和网络技术在资讯中心的应用，使企业信息服务系统具有可定制性、共享性、集成性和高效安全等特点，平台能根据企业需要，提供定制的信息资源，并使用安全认证技术保护企业的隐私和信息使用安全。目前，个性化信息服务平台所需的支撑技术主要包括智能代理技术、数据推送技术、过程跟踪技术、网页动态生成技术、Web 数据库技术、数据加密技术、安全身份认证技术等。

3. 人性化信息服务

面向企业的资讯中心个性化信息服务平台是人性化的信息服务。平台信息服务是一种"企业需要什么，资讯中心就提供什么"的服务，体现了以人为本的服务思想。企业信息

化的发展，计算机技术和网络技术的应用，使企业的信息需求更加专业化和个性化，这就要求资讯中心在开展企业信息服务时，必须围绕企业的需求展开，以企业的特性和需求为中心，为其单独设计或让企业根据自己的喜好去选择和组配，从而在为众多企业服务的同时，能够根据企业特点，提供一对一地服务满足企业个性化信息需求。

4. 交互式信息服务

面向企业的资讯中心个性化信息服务平台是交互式的服务。面对信息量庞大、信息类型复杂、格式多样的信息资源，许多企业往往缺乏信息检索和信息资源管理与开发的能力和经验，平台能实现企业和资讯中心之间的双向沟通，在资讯中心主动提供服务的同时，企业可以依据其行业特点、产品的特性、市场的特点等提出自己的信息需求。资讯中心和企业形成信息的交互，能够更高效的开展信息服务。

二、面向企业的个性化信息服务内容

（一）企业信息服务定制

企业信息服务定制是指企业通过面向企业的资讯中心个性化信息服务平台进行的界面定制、个性化信息服务内容定制和个性化信息检索定制服务，其目的是开发资讯中心信息资源和扩展资讯中心个性化信息服务的发展。

企业个性化的信息服务界面和内容的定制是指企业可以通过资讯中心的个性化信息服务平台定制服务界面和内容。企业可以根据自己的需求和目的，选择定制页面服务的显示方式，包括界面的布局、显示的颜色、显示内容的排序方式，而内容包括信息的资源类型、选取特定的系统服务功能等。这样企业可以决定高校图书馆个性化信息服务平台网页提供信息的主题内容、资源类型以及相关服务等。

个性化信息检索定制是指企业在数据库检索查询中，不同的企业由于其检索知识和所处的领域不同，其习惯往往也不同。有的会使用简单检索，企业专业的技术研究人员会习惯使用高级检索。另外，不同的行业、不同性质的企业可能用不同的词汇表达同一概念，或者使用很专业的词汇作为检索对象，不同企业对检索结果的选取原则和排序方法也可能不同。这些正是企业个性化的显著表现。

因此，资讯中心个性化的信息服务平台的检索定制需要充分支持不同企业在检索策略、检索方法和检索结果处理上的个性化。资讯中心的检索定制服务包括个人检索模板定制、检索工具定制、检索式表达方式定制、个人词表定制、检索结果处理定制、检索历史分析定制。

（二）企业信息推送服务

利用推送技术发展起来的企业信息推送服务是资讯中心面向企业开展个性化信息服务的重要的服务措施。信息推送服务是个性化主动信息服务，可直接把用户感兴趣的信息送给用户而无须用户索取。面向企业的信息推送服务是指利用推送技术，按照企业指定的时间间隔或根据企业的服务请求把企业选定的信息、数据或者服务自动推送给企业的计算机技术。目前，信息推送服务一般来说可分为两类：①借助电子邮箱并依赖于人工参与的信息推送服务；②由智能软件完成的全自动化的信息推送服务。推送方式主要有四种：基于频道的推送、基于邮件的推送、基于网页的推送和专用式推送。资讯中心面向企业的信息推送服务的最大特点就是企业请求的一次性的输入，平台的推送服务系统就定期地、不间断地把和企业请求相关的最新信息发送给企业。

（三）垂直门户

垂直门户是资讯中心面向企业的个性化信息服务平台针对某一特定企业和某一行业领域的企业的信息需求提供有一定深度的信息服务和相关服务。高校图书馆面向大众服务的综合型门户很难满足特定企业或者某一行业企业获取"少而精"专业相关信息的需求。而垂直门户可以把某一特定领域的企业的特定需求与一般企业的普通需求区分开来，从而提供个性化的高品质的信息服务。垂直门户的优势在于：具有查询信息的专深性、精品性等特点，便于开展特色化、个体化服务；能满足某类企业特定的需求，提供某个特定领域或者行业的内容和服务；通过整合网上特定的专题信息资源并对其进行筛选、过滤、加工挖掘，组织建立目录式索引，提供源站点地址，并附带专业搜索引擎，以满足企业特定信息需求；可提供高质量、可靠的内容、允许跨资源库的检索，还能提供数字化参考咨询、共享的工作空间、跨平台的商业数据库入口，等等。

（四）企业智能代理

智能代理是资讯中心面向企业的个性化信息服务平台完成企业委托任务的计算机系统。智能代理不同于一般的普通软件，利用它可以快捷地在高校图书馆的数据库中寻找企业想要的信息，具有一定的推理能力，能比较准确地判断企业的需求，有针对性地提供信息、解决问题。智能代理作为一个独立的个体也能自主学习，并将企业的兴趣、爱好、习惯等信息直接转化为内部信息，存放在资讯中心知识库中，建立企业模型来指导资讯中心智能代理的决策，使之符合企业需求。智能代理通过各种通信协议和多个智能体进行信息交流，并通过协作和磋商来共同完成资讯中心企业信息服务复杂的任务。资讯中心智能代理由界面代理、通信协作代理、浏览代理、通知代理、监督代理、数据库管理代理、信息探测代理等功能模块构成。通过智能代理的信息导航、智能检索、动态个性化生成、管理信息库等功能来实现企业个性化信息服务。

（五）企业级 My Library

在 20 世纪 90 年代末，英国、美国等地的资讯中心开发了一批有影响的 My Library 个性化服务系统，开始了图书馆个性化集成信息服务系统的研究。《My Library：个性化图书馆的实现》一书中认为：My Library 是以用户为核心、以个性化选择为界面的图书馆信息资源搜集方式，是根据用户个性特点进行的图书馆信息服务。《数字图书馆个性化服务方式综述》一书的作者认为，My Library 是一种个性化服务方式的具体应用，是当前开发应用较为成熟的图书馆个性化服务系统，也是完全个性化的私人信息空间。My Library 连同虚拟图书馆、学科信息门户、数字图书馆和个人数字图书馆，都是个性化色彩较强的信息资源组织模式。My Library 的倡导者埃里克·里斯·摩根认为："My Library 是一个图书馆提供的由用户需求驱动的，可对特定图书馆的信息资源进行个性化的定制的个性化服务系统，也是图书馆提供给用户的本馆信息资源的一个门户。"以 My Library 为代表的图书馆信息服务模型是目前为止最具代表性和最成功的个性化信息服务实现方案。

从以上文献中可以得出这样的定义：企业级 My Library 个性化信息服务系统是一个以企业为中心、可操作的、个性化地收集并组织数字资源的企业个性化信息服务系统。

企业级 My Library 系统的个性化服务理念和服务系统是面向企业的服务，提升了资讯中心信息服务的质量和服务的深度。企业级 My Library 个性化信息服务系统的目的是为企业创建基于资讯中心特定馆藏资源的个性化的资源与服务的门户。企业通过登录 My Library 系统，选择信息资源，创建企业信息系统门户，对信息资源进行自我管理。

（六）企业呼叫中心

呼叫中心是一种专门提供一对一的用户个性化服务的系统，是基于计算机电话集成技术，充分利用通信网络、计算机网络的多功能集成的综合信息服务。它是现代企业开展客户服务、市场营销、技术支持和其他的特定商业活动而接收和发出呼叫的一个渠道。资讯中心建设企业呼叫中心，以便吸引企业通过电话、传真、拨号和访问网站等多种方式进入资讯中心，在企业呼叫中心自动语音导航或服务人员的指导下访问资讯中心的数据库，资讯中心信息服务人员还可以直接回答企业的咨询问题，从而实现资讯中心企业信息服务项目。高校图书馆企业呼叫中心需要建立企业信息服务历史数据库，对企业信息统计分析并进行数据挖掘，定期自动地向企业发布新信息，为企业提供全天候个性化信息服务。

三、面向企业的个性化信息服务平台构建

面向企业的资讯中心个性化信息服务平台的构建主要包括企业兴趣关联知识库的确定、资讯中心检索系统以及资讯中心信息组织等。平台构建如图 5-3 所示。

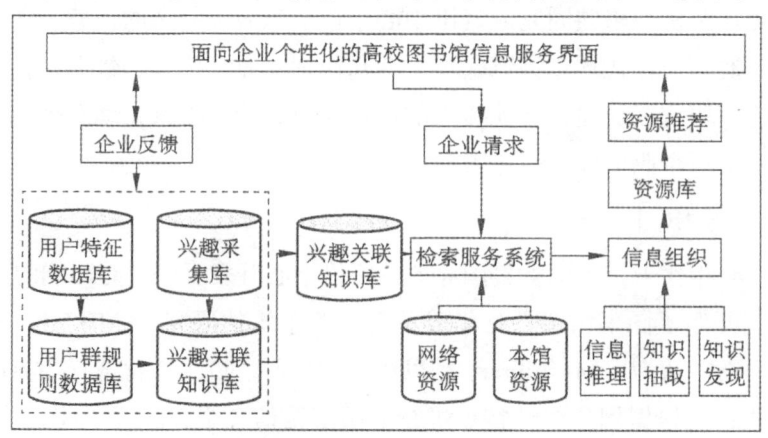

图 5-3　面向企业的资讯中心个性化信息服务平台

1. 平台兴趣关联知识库

个性化信息服务是基于企业的个性化信息服务需求基础上的，通过对企业的信息利用特征以及企业的反馈，比如企业的特征数据库、兴趣采集库等，资讯中心能够利用相关的信息技术来建立企业的兴趣关联知识库，指导资讯中心个性化信息服务。

2. 平台检查服务系统

面对企业个性化信息服务需求，资讯中心需要对本馆资源和网络信息资源进行一定的整合，按照企业信息需求和使用的特点对资源进行一定的排序，建设企业信息服务的专题数据库；也可以针对企业群的信息需求特点，建设特色数据库，建设资讯中心企业个性化信息服务平台的信息检索服务系统。通过平台建立的兴趣关联知识库和企业的服务请求，就能及时、快速地在资讯中心的信息检索服务系统中检索服务内容，第一时间推送到企业。

3. 平台信息组织

个性化信息服务平台信息组织是对平台检索服务系统检索出来的企业需求的信息进行组织和加工，以方便企业信息利用和管理的形式呈现出来。检索服务系统检索出来的信息大多是无序的、大量的信息，甚至还有很多没有用的信息，这些信息必须经过资讯中心服务人员的信息组织才能形成有高附加值的、能直接服务于企业的信息或者情报。个性化信息服务平台的信息组织是建立在一系列的信息组织方法之上的，比如知识发现、数据挖掘、信息推理和知识抽取等。

4. 平台服务推荐

资讯中心通过对平台信息的组织，形成企业信息服务的资源库，并随时向企业进行资源推荐。

5. 平台服务内容

个性化信息服务内容主要包括定题服务、科技查新服务、竞争情报服务、专利及技术标准服务、培训服务、行业政策法规服务等。

第四节　数字化服务平台使用的关键技术

一、信息采集技术

（一）传统知识资源的采集

传统知识资源采集主要是指针对印刷版图书、期刊的采集行为。一般而言，在此类知识资源的采集中，各高校都是围绕教育部高校评估的指挥棒而转动的。高校评估是促进高等教育发展的重要举措，同时也给高等学校图书馆的发展带来了机遇。以本科高校的评估指标为例，其对图书的规定是人均图书册数。但是，中小学校的合并、升格的新本科院校或高职院校，由于在合并之初图书馆资源较少，在此指标的要求下过分追求数量而忽视了图书期刊质量的要求，既要达标又要节约经费，不得不通过购买大量特价图书来补充资源库。但是，知识资源得不到利用才是最大的浪费，而且对于资源建设的连续性也是极大的冲击，造成图书、期刊的半衰期加快、资源使用有效性减少等问题。这一状况使图书馆的知识资源采集偏离了它的本来目标，即满足高校师生科研、教学、管理的需要，而变成了对符合评估指标的追求。因此，作者认为应将人均图书数这一评估指标与图书采购经费协调一致，将其变成既重投入又重质量。

（二）网络知识资源的采集

网络知识资源的采集是一个系统的工程，包含对于网络知识资源的收集、整合、加工、发布、反馈等流程。一般而言，图书馆都将其作为对于传统知识资源的补充方式，根据本馆知识资源的缺失做出调整。多采取浏览器、搜索引擎等信息技术分析采集，然后依据知识资源的学科类别进行标引形成图书馆内部的数字资源，为科研教学服务。同时，还要为师生提供多元化的、系统的、便捷的知识查询和基于知识组织挖掘的知识服务。整合后的知识仓库中的数据是各异构数据资源的有机合成和关联存储，并不是数据简单的汇集和堆放。通过数据接口技术形成统一的操作平台，然后通过建立索引系统、网络发布系统等工具实现知识传播，能够为师生服务。

二、信息存储技术

信息化、网络化的发展，使数字文献在资讯中心文献资源服务中扮演着重要角色，数据库成为资讯中心数字文献资源的主要表现形式。资讯中心面向企业的信息服务需要加强数字化资源建设，首先需要对已有的资源进行整合，将不同类型、不同结构、不同环境、不同用法的各种数据库纳入统一的检索平台上，以便企业更方便、更高效地获取信息。

资讯中心要整合的数据库主要包括书目数据库、文摘数据库、全文数据库、电子期刊和电子图书数据库、网络数据库等。这些数据库分布在不同的服务器，由不同的信息服务公司和出版社提供或者是由各资讯中心自建，成为不同特性的数据库。其特征表现为：数据模型不同、数据结构不同、系统控制方式不同、计算机平台不同、通信协议不同、通信结构模式不同、操作系统和网络不同。资讯中心数据库的相关技术有通用网关接口技术（CGI）、开放数据库互联技术（ODBC）、Java数据库互联技术（JDBC）、ASP技术和JSP技术、XML中间件技术等。资讯中心通过综合应用这些技术实现资源整合，进行数据库之间的连接和数据转换，接受企业对这些数据库的并行交叉访问和查询，实现查询结果的融合处理并反馈给企业。

三、信息分类与编码

信息分类与编码（Information Classification and Coding）是根据信息内容或特征，将信息按照一定的原则和方法进行区分和归类，建立一定的分类系统和排列顺序，并用一种易于被计算机和人识别的符号体系表示出来的过程，也是合理地将信息对象数字化、符号化的过程。信息分类、编码的目的是促进各个异构数据源之间的数据共享和交换，从而有效地利用信息资源，提高整个应用系统的性能。企业级信息分类编码是在企业信息系统环境下，统一对整个企业范围内的信息进行分类与编码。而这种统一目标不是单一的，更多的是多个目标的综合。在企业信息化进程中，只有当基础信息按照一定的规律进行分类和编码，将其合理、有序地存入计算机，才能快速、有效地对它们进行存储、管理、检索分析、输出和交换。信息分类编码已经成为企业基础数据标准化建设与基础数据库数据组织、存储、管理和交换的基础，也是实现数据共享与互操作的必然。

信息分类与编码是标准化的一个领域，目前已经发展成为一门学科，有自身的研究对象、研究内容和研究方法，也已经成为信息科学的一个重要分支。在工业社会中，信息分类与编码是提高劳动生产率和科学管理水平的重要手段。正如美国新兴管理学的开创者莫里斯·库克所说："只有当我们学会了分类和编码，做好简化和标准化工作，才会出现任何真正的科学的管理。"在信息化时代，信息的标准化工作越来越重要，没有标准化就没有信息化，信息分类编码标准是信息标准中最基础的标准。

四、信息检索与推送

（一）信息检索

企业对于其需要的文献，总是希望在最短的时间内获得最全面的，这就需要资讯中心提供全文检索技术的支持。全文检索（Full-text Retrieval）是指以全部文本信息作为检索对象的一种信息检索技术。该技术无须对文献进行标引即可实现文献的检索，是一种面向全文、提供全文的新型检索技术。该技术可以使用原文中任何一个有实际意义的字、词作为检索入口,且得到的检索结果是源文献而不是线索文献。该技术的核心是维护一个高效的索引,索引的内容来自被检索的文本信息。全文检索系统具有全文数据库功能,具备逻辑检索、截词检索、字符串检索等功能,企业在检索信息中可以用自然语言检索并直接获得原文的检索系统。全文检索技术被广泛应用于资讯中心的各种全文数据库,使高校图书馆检索服务功能发生本质的变化,企业通过检索可以直接获得文献的全文。

(二)信息推送

信息推送技术(Push)最早于1996年由美国Point Case Network公司提出,其目的在于提高信息通过计算机网络的获取效率。近年来,随着RSS信息聚合技术、Agent智能代理技术、系统过滤技术等成功推出,信息推送技术被迅速应用到电子商务、数据库、图书馆、电视广播以及通信系统等应用领域。

信息推送是通过一定的协议或技术标准,在因特网上通过定期传送用户所需要的信息来减少信息过载的一项新技术。准确地说,它属于目前最新的第三代浏览器的核心技术,其关键是能够根据用户的需求,主动地将最新的信息分门别类地发送到相应的用户设备中,从而有效地改进人们获取信息的方式,较大地提高了互联网信息的使用效率。

传统的信息拉技术(Pull)是通过统一资源定位符(URL)来进行信息资源定位的。在因特网上人们获取信息的方法是使用各种搜索引擎来查找各个服务器在网络中的定位符,再通过定位符去访问该服务器所提供的信息,同时使用定位符来定位信息资源。它把重点放在用户端,没有在"信源"与"信宿"之间找到标准化的沟通方案。因特网发展到今天的规模,网上遍布着大量的信息资源,定位符这种信息资源定位方式,在时延、响应时间、查全率、查准率等性能指标上都已不能满足用户的需求。因此,以拉技术为代表的信息获取模式已成为进行信息共享的技术瓶颈。

推送技术同传统的拉技术相比,最主要的区别在于推送技术是由服务器主动地向客户机发送信息,而拉技术则是由客户机主动地向服务器发出请求信息。推送技术的优势在于信息获取的主动性和及时性。在客户/服务器的应用程序中,推送技术能够向客户发送数据而无须其发出请求,例如,服务器向客户发送电子邮件。推送技术所提供的服务通常是事先表达好喜好的信息,这就是所谓的订阅/发布模型。一个客户端可能"订阅"不同种类的信息"通道",一旦在这些通道中有新的内容,服务器就会将信息推送到用户端。

信息推进技术正在改变着人们在因特网上对信息的访问方式,它将用户主动地去搜寻信息变为被动、有目的地接收信息。推送技术不仅是一种单纯的信息提交的技术,它还能够把Web服务器中的信息、数据库中的数据、音频以及视频等信息捆绑起来,在防火墙内外向用户提供丰富的多媒体信息。

目前,信息推送的实现方式主要分为消息推送、代理推送、频道推送三种。其中消息推送是根据用户提交的需求信息,通过电子邮件系统或其他消息发送系统将有关信息发送到用户端。代理推送是使用代理服务器定期地或按照用户指定的时间间隔在网上搜寻用户感兴趣的信息,并将搜寻到的结果发送给用户。频道推送则需要提供一整套推送服务器、客户端部件及开发工具等组成的集成应用环境,通过将某些网络站点定义为浏览器的频道,推送服务器则负责将收集到的信息形成频道内容后推送到用户端。

信息推送模式的主要优点在于及时性好、应用面广、对用户没有技术上的要求。目前,大多数的客户机推送软件可以向用户提供最新的新闻订阅信息,而这一功能是以前任何浏览器程序都无法实现的。客户机推送软件可以对信息进行分类,并可实时地向用户发布最新的新闻订阅信息。客户机上的推送软件的操作方式是:当新的订阅信息内容可获得时,客户机便可自动被告之。大部分客户机推送软件是采用预约的模式,即这些客户机推送软件均按预定义的时间间隔定时向提供信息的服务器进行询问,以查询当前是否有新的信息内容可以提供。

用户还可以选择对这些客户机软件的接口进行订制,以使它们所提供的信道成为专用信道,即令每一信道只传送某一指定信息提供商所提供的某一类指定信息。当新的信息需求被提交时,客户机推送软件将通过以下方式通知用户:通过发送电子邮件、播放一个提示声音提醒、显示一个图符,或弹出某一应用、通知单等来告知用户有新的信息到达。

(三)网络资源挖掘技术

资讯中心企业信息服务平台的网络资源是资讯中心信息资源的重要组成部分,而网络资源的鉴别、评价、收集、整理、组织、存储成为资讯中心开展信息服务的一项重要的工作。网络资源挖掘就是从大量的互联网文档集合中发现蕴藏的、有潜在应用价值的模式,处理的内容包括静态网页、网络数据库、互联网结构、用户使用记录等,这些信息具有网络资源信息量大且增速快、传播范围广但时效性差、信息发布自由且来源广泛、内容杂且质量不一等特点。资讯中心就需要借助数据挖掘的思想和方法,进行 Web 挖掘,从数以亿计的 Web 页面中挖掘出对用户有用的信息。Web 数据挖掘大致分为:内容挖掘、结构挖掘和用户使用记录挖掘三种。

通过 Web 数据挖掘,提取网络资源中的有用知识建立资讯中心的网络资源知识库;对用户的访问行为、频度、内容等分析,得到关于企业访问行为和方式的知识,用以指导改进服务。通过对这些企业特征的理解和分析,可以有效推动个性化服务开展。Web 数据挖掘技术已经在资讯中心知识导航服务、个性化服务和数字参考咨询服务中被广泛应用并成为关键技术支撑之一。

(四)智能代理技术

智能代理(Intelligent Agent)由一个多智能代理系统组成,是一种智能性的、可进行高级复杂的自动处理的代理软件。它具有如下特征。

①代理性与自主性。可以在用户没有明确具体要求的情况下,根据用户需要,代替用户进行各种复杂的工作,如信息查询、筛选及管理,并能推测用户的意图,自主制订、调整和执行工作计划。

②智能性与协作性。先进的智能代理彼此间能进行交流，共同执行单个智能代理软件所不能胜任的任务。例如，学习型智能代理作为一个独立的个体能自主学习，能与用户并行工作，并将用户的兴趣、爱好、习惯等信息直接转化为内部需要，存放在知识库中，建立用户模型来指导自己的决策，使之符合用户需求。

③移动性与异构性。智能代理技术更适应网络分布式要求，不仅可以减轻网络负载，提高效率，还可以异地自主运行，具有很强的应变能力，使系统运行达到最优化；具有异构性，用来解决网络的异构、低宽带和连接不稳定等问题，有利于提高信息服务与获取的能力。

同时，智能代理技术具有以下功能。

①管理个性化的信息代理库。主要是管理用户个人资料及其个人目录下的信息库。

②信息自动通知。它能根据用户的需求和环境的变化，主动向用户报告并提供服务，当信息用户指定了特定的信息需求之后，智能代理能够自动探测到信息的变化和更新，进而将其下载到数据存储地存放起来，同时智能代理能将该信息自动地提示给用户。

③浏览导航。智能体具有一定的推理能力，能比较准确地揣测用户的意图，通过分析得到用户感兴趣的知识领域，并能向该信息用户推荐与该领域更密切的网络信息。

④智能搜索。根据信息用户的特定需求，进行信息过滤，为用户提供更精确的信息。

⑤生成动态个性化页面。智能代理能依据所存放的信息动态地生成网络页面，给信息用户提供一个适宜而友好的浏览界面。此外，智能代理还具有监督代理、协调与解决冲突等功能。显而易见，这种具有智能性，可支持高级、复杂的自动处理的智能代理技术一经应用于信息组织与检索领域，必将成为网络信息资源组织模式优化的利器之一。

（五）知识仓库技术

资讯中心的知识仓库是一种特殊的信息库，库中的数据有相关的语境和经验参考。知识仓库技术是资讯中心知识信息服务重要的技术之一。在知识仓库中不仅存储着资讯中心的知识条目，而且还存储着与之相关的事件、知识使用记录、来源线索等相关信息。知识仓库能有效地帮助资讯中心开发知识，帮助企业利用知识，将资讯中心参考咨询服务中企业提出的问题、检索方案、解答及反馈等信息进行存储，并形成知识仓库，既可供企业检索利用，又可在参考馆员之间传递经验。

第六章 互联网背景下高校图书馆服务内容创新

第一节 互联网背景下高校图书馆资源共享服务

随着各种社交网络、物联网等新型技术的兴起，大数据时代的到来，学术界、工业界、政府机构都开始关注大数据问题，人类已经进入了以深度挖掘数据价值为核心的大数据时代。人们可以通过对大数据之间的关系进行分析，得出准确的结论，从而做出科学的决策。同时，人们还可以通过分析海量数据来预测某件事情发生的可能性。高校图书馆拥有海量的数字资源优势，如果借助大数据发展，可以进一步推动数字资源建设，为用户提供更好的信息服务。为此，应探讨如何利用大数据思维和技术解决高校图书馆数字资源共享问题。

一、高校图书馆联盟的数字资源具有大数据特征

一是随着高校图书馆数字化建设的深入以及在Web2.0时代用户对高校图书馆的文献资源数字化需求的提高，单个高校图书馆的数字资源虽然不具备"大数据"的特征，但高校图书馆联盟的数字资源已经具有了"大数据"的特征。二是高校图书馆的数字资源总量在不断地增长之中，伴随着高校图书馆的数字资源用户的增加，高校图书馆对用户进行服务的信息也是在不断产生非结化数据，高校图书馆联盟的数字资源和服务信息产生的非结化数据是个海量的数据集。三是随着信息技术的发展，用户对高校图书馆的数字资源的信息服务的要求也在不断地提高，不再仅仅局限于对数字资源的查询、查找等一些常规的信息服务，而是转向更深层次地对数字资源的数据挖掘与数据分析。高校图书馆联盟必须根据用户的需求做出数字资源的信息服务策略的改变，以迎合用户对数字资源的信息服务要求。

二、大数据时代高校图书馆数字资源共享的优势

（一）数字资源优势

大数据的主旨思想是将分散的数字资源集中起来，从中进行数据挖掘和分析，发挥其数据量大的作用。高校图书馆数字资源包括电子图书、电子期刊、各种数据库、音视频资

源在内的海量数字资源。单个的高校图书馆的数字资源达不到大数据的标准,但对于高校图书馆联盟,大数据的范围是高校图书馆联盟的全部数字资源。在大数据时代,要对高校图书馆联盟的全部数据进行分析和利用,利用云计算和可视化技术得出精确的结果,并预测未来发展趋势。

(二)海量数据产生的优势

用户对高校图书馆的数字资源的使用,会产生许多的交互数据,使得高校图书馆的非结构化数据快速增加。移动图书馆为高校图书馆的数字资源提供了基于移动网络平台的信息传输途径和服务渠道,同样,以微博为代表的个性化信息服务,都会产生大量的交互数据。将这些数字资源分布在不同的高校图书馆管理系统中,形态不同,组织方式各异,各种数字资源的整合在同一个云平台中,而云计算技术为大数据的发展提供了技术支撑,云计算技术突破了传统图书馆发展局限,通过云计算技术把这些数据集中起来,形成高校图书馆联盟大数据的数字资源体系。同时,云计算具有超强的数据处理能力,并具有对数字资源进行动态分配的能力。

(三)技术优势

云计算技术已在高校图书馆得到应用,而大数据的处理是以云计算技术为基础的。应用云计算技术中的虚拟化技术可屏蔽服务器、网络、存储等物理设备间的差异,可解决物理设备之间无法共享的问题。将高校图书馆联盟现有的硬件设备整合在一起,对硬件设备进行统一调配。利用云计算技术中的虚拟化技术将各高校图书馆的硬件设施都利用起来,降低了高校图书馆联盟的硬件建设成本,为实现数字资源共享提供硬件保障。借助云存储技术,将分散存储在不同高校图书馆的数字资源进行整合与存储,数字资源由云端统一存储和管理,同时,将用户需要的数据进行动态部署,加快了信息服务的进程。采用合理的网络协议,对云计算网络进行严格监控,并由高校图书馆联盟的技术管理人员进行统一管理、维护和监管,提升高校图书馆的数字资源的安全程度。

三、大数据时代高校图书馆数字资源共享问题解决策略

在大数据时代,要解决好高校图书馆数字资源共享问题,我们应探讨高校图书馆的数字资源共享的建设策略、运行策略和安全策略。

1. 大数据时代高校图书馆数字资源共享的建设策略管理层面

大数据共享建设是一项有规划和有可持续发展机制的系统化工程,必须要有良好的建设策略。为此,高校图书馆数字资源共享需要根据大数据时代的要求,高校图书馆联盟要建立大数据管理机构,其功能主要有:①主要负责制订和发布大数据建设和数据共享细则、标准;②负责数据存储,以及处理数据版权事项等工作;③负责数据的管理、使用和分析等工作。同时,各高校图书馆设立大数据基层管理部门,这是大数据组织机构的基层管理单位,主要负责落实高校图书馆联盟数据管理机构对大数据的规划和要求,组织本图书馆

完成基础数据的收集、录入、审核等工作。同时，在高校图书馆联盟数据管理机构指导下统一进行数字图书馆建设与管理，从而整体推进高校图书馆数字资源共享建设。

（1）技术架构层面

大数据技术是指从各种类型的大数据量中，快速获得数据中有价值信息的技术。构建图书馆大数据技术架构，研究解决大数据采集、存储、处理、分析和应用等的相关问题。搭建合理的大数据技术架构是基础性工作，也是整体性工作。大数据技术架构，自底向上，第一层是大数据的采集工作，即对结构化、半结构化、非结构化数据的采集；大数据技术架构的第二层是大数据的存储工作，可以采用云存储、NoSQL、HBASE等技术对数据进行存储；大数据技术架构的第三层是大数据处理工作，即大数据的集成、数据建模、重复数据删除、数据加密、数据备份等工作；大数据技术架构的第四层即大数据的应用，包括信息检索、数据挖掘、数据可视化、学科化服务、知识服务等。其技术架构如图6-1所示。

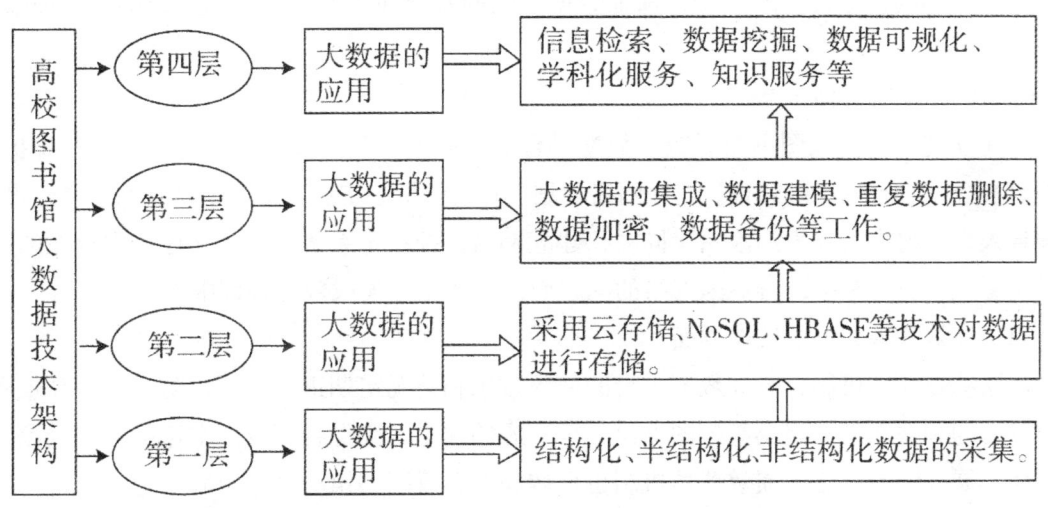

图6-1 高校图书馆大数据技术架构图

（2）建设统一的大数据平台

高校图书馆联盟要建设统一的大数据平台，对各高校现有的数字资源进行整合，进行统一的管理和调配。大数据平台数字资源的采集上要充分利用云计算技术，整合各高校图书馆现有的网络、硬件设备和数字资源，初期对分散在各高校图书馆的数字资源的数据进行抽取和索引，数字资源存储在各高校图书馆，随后逐渐将数据存储集中到大数据平台，最终建立一个为各高校图书馆保存数字资源、数据查询、分析数据提供强大的云端平台。大数据平台采用面向服务的架构，将各类数字资源以按需获取、个性化定制的信息服务形式提交给用户，有助于解决高校图书馆数字资源建设中存在的诸如资源利用率低、信息孤岛、数据安全等问题，从而促进高校图书馆数字资源共享，为需要数据服务的用户提供信息服务。

2. 大数据时代高校图书馆数字资源共享的运行策略

（1）数据运行方面

数据是大数据平台的基础，数据的规范性、准确性以及及时性的更新，对高校图书馆数字资源共享大数据平台作用的发挥有着重要影响。所以，要建立制度化、系统化的数据维护规则，以确保数据来源、审核和使用的各个环节有序进行。

（2）技术运行方面

技术运行维护的对象主要是高校图书馆联盟数字资源的硬件设备、软件系统和数据保存。对硬件的采购，要制订性价比高的采购计划。在日常，重视对硬件的维护，同时，建立灾害备份管理中心，以确保大数据平台运行安全可靠。软件系统方面，要对数据管理系统的使用的友好性、管理数据的方便性、数据运行的快速性等进行及时评估，听取管理者和用户的反馈意见，以便对系统进行升级或更换，优化运行效率。数据保存维护方面，要注意数据存储与使用的合理匹配，保证数据存储的安全和快速，确保用户查询数据高效、准确。

（3）网络运行方面

在建立统一的高校图书馆联盟大数据平台的基础上，利用技术力量对网络进行维护，加强对大数据平台的网络管理，建立网络规划，并组织精心实施，避免因网络的重复建设，而导致人力、财力、物力的浪费。同时，建立网络监控技术系统，对网络运行中存在的问题及时发现，及时维护，避免因网络的问题而造成数据丢失或数据查询困难。

（4）绩效管理和评估反馈方面

建立绩效评估机制，对大数据平台的使用效果和情况定期进行评估，防止因各高校图书馆各自的利益而消极规避高校图书馆数字资源的共享，确保各高校图书馆的数字资源共享长期开展。因此，建立绩效评估机制也可调和各高校图书馆的利益矛盾。建立评估反馈制度，高校图书馆联盟管理机构要对大数据平台的数据的使用情况和安全性进行监控，定期提出指导意见，并进行反馈。同时，大数据管理机构要收集各高校图书馆和用户对大数据平台的反馈意见，发现问题要及时研究，找出解决问题的方法，及时进行修正。

3. 大数据时代高校图书馆数字资源共享的安全策略

（1）数据的安全制度建设

在进行大数据平台建设时需要从国家层面制定数据的安全法规，对高校图书馆联盟数字资源共享安全进行法律保护。同时，对建设大数据平台标准的安全运行机制、数据标准等进行统一规定，越详细、操作性越强的规定，越能减少高校图书馆成员之间在沟通中产生的歧义，以便数据运行安全平稳。还要制定高校图书馆联盟数字资源安全检查的制度，从而对高校图书馆联盟的数字资源的保护有章可循，确保在制度上减少对高校图书馆联盟数字资源安全的制度漏洞。

（2）加强安全监控能力建设

加强日常对大数据平台运行情况的检测，对传输中的数据、正在运行的进程进行监控，共享的数字资源要定期进行安全扫描，确保运行状态安全。在建设高校图书馆联盟数字资源的大数据平台标准的前提下，对大数据平台的各高校图书馆的节点配置安全措施，如果某节点出现安全报警，就将发生问题的节点与整体进行隔离，确保大数据平台的主体安全。同时，要对大数据平台本身的安全监控数据进行整理和分析，如发现问题，则尽早采取相关处理措施。

（3）提高数据安全防范意识

重视保护和挖掘大数据价值的同时，高校图书馆联盟的数据管理人员要具有保护数字资源的敏感性和责任感的意识。高校图书馆联盟的数字资源是一座巨型的宝藏，通过挖掘分析可以对学科的发展方向进行分析、评估和预测，对学科建设和发展将产生巨大的作用。加强数据管理人员安全素质培训，培养数据管理人员的安全的大局观和理念，只有具备大局数字资源的安全意识，才能全面推动高校图书馆数字资源共享建设的科学发展。

大数据技术可以忽略数据类型、时间和空间的限制，从而建立高校图书馆联盟数字资源共享，实现数字资源的联通和集中。同时，通过数字资源共享，大数据技术可以大大提高数字资源的价值。利用大数据技术建设高校图书馆联盟建设大数据平台，实现高校图书馆之间的数字资源的共享。在大数据时代，高校图书馆联盟数字资源共享建设应从三个方面进行：①建立一套完善的运行机制。大数据建设是一项系统工程，必须建立一整套的运行机制，以促进数字资源建设过程中各个环节的有序进行，并做好顶层设计，实现真正意义上的高校图书馆联盟数字资源的整合。②制订一套规范建设的标准。制订各类数据的规范建设标准，实现各类数字资源管理系统的网络互连，为高校图书馆联盟数字资源共享奠定基础。③搭建一个共享平台。有共享平台，才有数据流动和共享的舞台。通过建立大数据平台，将各类数据整合与集成，实现各高校的数字资源共享。

第二节　互联网背景下高校图书馆检索服务

我国高校的学术资源投入一直在保持较快增长，根据"教育部高等学校图书情报工作指导委员会"发布的《高校图书馆发展报告》，2006—2011年纳入统计的近500所高校的文献资源购置费均值超过了300万元人民币，其中超过了1 000万元的高校有42所，有5所高校超过了3 000万元。文献资源购置费的高投入带来了文献资源的高增长，以北京的清华大学图书馆和武汉的华中科技大学图书馆为例，到2011年底学术资源馆藏总量分别为419.7万册（件）和579万余册（含院系资料室），均涵盖了理、工、文、经管等各学科的综合资源，另外分别有各类网络数据库500个和400多个以及大量电子期刊和图书资源。高校馆藏的不断积累，标志着学术资源"大数据（Big Data）"时代的到来。

一、高校图书馆检索困境

学者韩翠峰认为,大数据时代的到来将对作为社会中储存信息知识、提供信息服务的信息中心的图书馆形成冲击与挑战。付蔚和王海兰找到的一份 2002 年的评估报告指出谷歌搜索引擎在一天半的时间内处理的问题要比全美所有图书馆一年所提供的检索服务量还要多。而在 2007 年余金香等人做的文献统计,也支持了以上评估报告的结论,她们发现不少的调查研究都报道了大部分的用户包括学生、教师及专业人员查找资料时的首要信息源不是图书馆购买的商业电子资源或者联机公共检索目录,而是谷歌,造成这种结果的原因主要在于随着馆藏资源的日益丰富,学术资源种类繁多、数据量大、形式各异,不同的电子资源又往往分散在各自独立的数据库、检索系统和发布系统,这使得图书馆的学术信息资源比较分散杂乱,给读者检索和利用造成了许多不便,所以适时、有效地利用先进的学术资源检索技术是高校解决上述问题的重要途径。

二、高校图书馆检索技术及其优缺点

目前我国高校图书馆采用的检索技术主要有"联机公共检索目录"和"联邦检索",现分别介绍如下:

1. 联机公共检索目录

联机公共检索目录的英文为"Online Public Access Catalog"又简称 OPAC,它通过计算机终端查询图书馆书目数据资源,为读者提供馆藏文献的线索和获取馆藏文献的便利。最早的 OPAC 系统出现在 20 世纪 80 年代,OPAC 的初始设计是基于编目理论发展的印刷型世界,目录典型的揭示纸质书刊馆藏,延续了传统图书馆卡片式目录的构建思路,提供与卡片式目录相同的记录内容、记录格式和检索途径,随着网络技术的飞速发展,目前广泛采用的 OPAC 是第二代,它在检索点和网络功能方面进行了改进。根据钱文丽和李亮先提供的调查,我们发现目前国内高校可供选择的 OPAC 的系统厂家有十几家,其中在我国"211 工程"院校使用较多的主要有国内公司开发 Libsys、ILAS 和 MELINETS 以及国外的 INNOPAC、ALEPH 和 Web-Cat。

(1) 联机公共检索目录的工作原理

OPAC 的工作原理主要分为三个层次,图书馆馆藏书目源数据与电子资源元数据一起构成数据层;业务逻辑层构建在数据库系统与客户端之间,为每一数据源的 MARC 元数据建立统一的文档类型定义,并通过该类型定义将各数据源的元数据映射成全局 XML 文档视图来进行整合;客户端在 OPAC 的基础上,经过一定的扩充修改后实现统一检索功能。如图 6-2 所示。

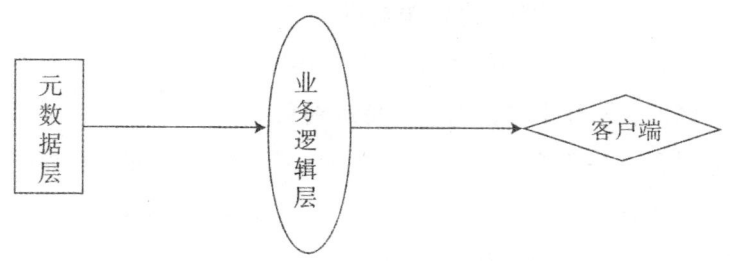

图 6-2 OPAC 系统总体结构图

有关 OPAC 的功能，我们以清华大学图书馆的 INNOPAC 为例，如图 6-3 所示。

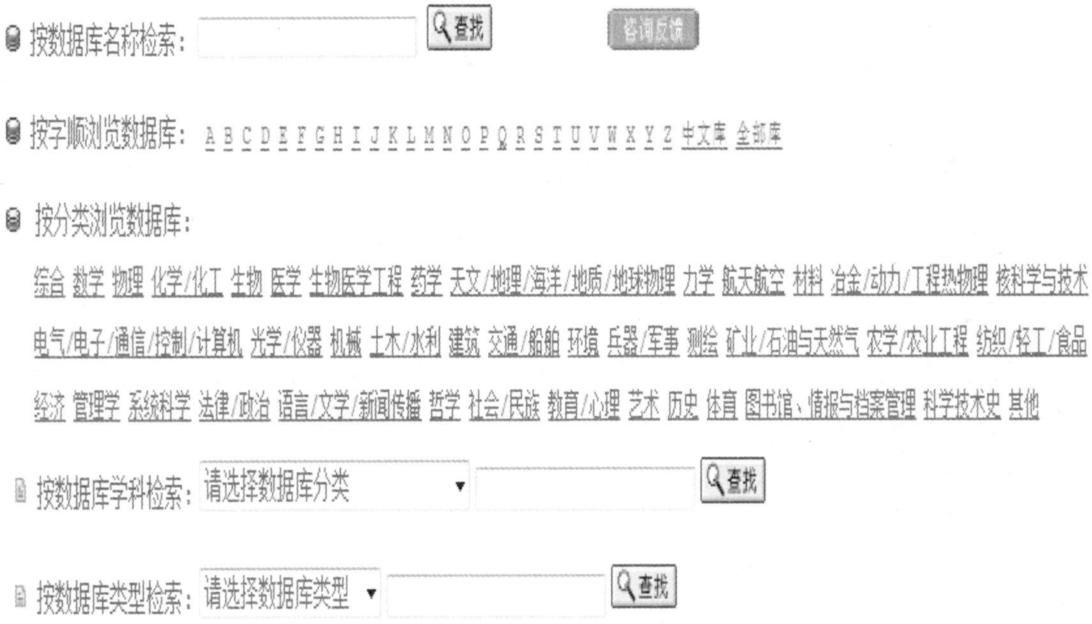

图 6-3 清华大学 OPAC 检索界面

该该系统可查询清华大学图书馆收藏的中西文图书、日文图书、俄文图书、中西文期刊和 1994 年以后收藏的日文期刊、多媒体资源、大部分外文电子期刊、学位论文和中外文电子图书，以及 7 个专业图书馆及部分系图书馆的馆藏。它使用命令语句并包含菜单导向检索，增加了关键词检索，更多地为用户显示数据库记录中的有关主题信息，有的系统还使用词组进行检索。此外，该系统更注重用户界面的设计，为用户提供更多的功能，如下拉式、帮助功能、拼写错误校正、浏览查找、布尔逻辑检索、图形显示书目资料的排架位置等。更加突出的是突破了书目数据的限制，引进了期刊题录、文摘及情报数据等。

（2）对联机公共检索目录的评价

OPAC 系统的应用对学术检索的作用是显著的。首先，OPAC 为读者检索馆藏资源提供了一个统一的界面；其次，OPAC 的应用促使读者养成利用网络查询资源的习惯；最后，OPAC 的机读目录格式为揭示网络信息资源提供了可能。

当然，OPAC 也存在自身的局限，余金香和李书宁就认为 OPAC 发展中存在以下问题：第一，书目记录之间的关联性不强，用户不易辨别和理解检索结果各实体之间的关系；第二，文献单元应该从形式层面提升到内容层面上；第三，检索问题：失败率偏高、耗时，扩展检索能力不强。2005 年 OCLC 在《对图书馆与信息资源的认知:给 OCLC 成员的报告》中提道：信息用户中"84% 的用户使用搜索引擎进行信息检索，1% 的人从图书馆网页上进行信息检索，只有 10% 的大学生认为，在通过搜索引擎找到图书馆网站后，图书馆的馆藏可以满足他们的信息需求"。由此看来，OPAC 技术还需要进行进一步改进，以便更好地满足读者检索学术资源的需求。

2. 联邦检索

维基百科对联邦检索的功能定义为：它可将一个检索请求以合适的语法进行转换后发送到一组独立的数据库中，将合并检索到的检索结果以简洁统一的格式和最小的重复显示出来，同时能提供一个自动或者用户选择的排序方式对结果集进行排序。业界主流的联邦检索系统包括 Web Feat、Meta Lib、Serials Solutions 和 Muse 系统，截止到 2007 年，以上几家公司拥有了全球近 20 000 万家用户。

（1）联邦检索的工作原理

联邦检索的运作机理是这样的：首先它为每个数据库创建资源描述，其次选择满足特定信息用户需求的检索数据库，将用户提问式转译成适合所选数据库的检索格式，接下来合并检索结果并按用户需求定制个性化的排序方式将检索结果反馈给用户，如图 6-4。

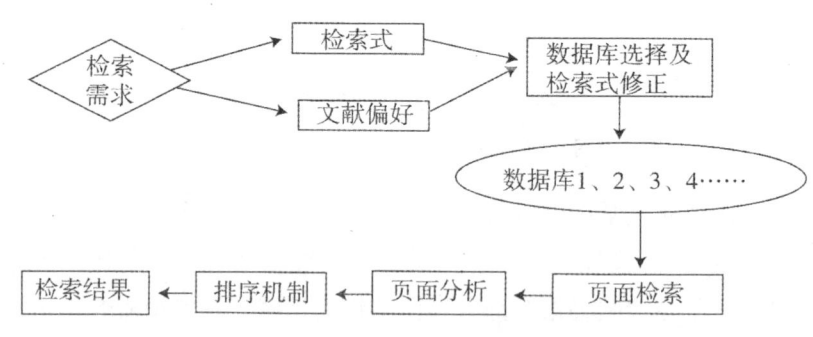

图 6-4 联邦检索流程结构图

以 Meta Lib 系统为例，我们可以实现如下功能的检索：

第一，检索馆藏的纸质资源的电子目录；第二，检索图书馆购买的电子资源并提供全文链接；第三，检索 Google Scholar 等网络免费电子资源并直接反馈全文信息；第四，可以自定义不同资源进行整合检索；第五，读者在登录个人空间模块后该系统能提供个人检索的书目记录文档,也能提供个性化数据库集合定制检索,以及提供定期检索提醒服务。

(2)对联邦检索的评价

联邦检索技术与联机公共检索目录结合,让学术资源的整合检索更加便利,从而提高了学术资源的利用率。

虽然联邦检索系统具有自身的优势,但 Webster 认为该技术还是不能根本解决检索平台间日益增长的复杂性和缺乏统一性等问题。联邦检索在使用过程中仍会存在着一些无法克服的困难,主要有以下几点:①因在多个数据库中同时进行实时检索,这就导致了联邦检索的结果返回速度过慢;②由于每次各个数据库反馈给联邦检索的结果有限(每次只能抓取 20~30 条结果),所以无法实现真正意义上的结果的相关性排序和去重。③读者必须通过图书馆的认证系统才能实现检索功能;④联邦检索并不能优化检索系统,其功能受制于本地数据库检索性能和搜索能力的局限。考虑到联邦检索技术功能的不足,陈家翠认为以元搜索为基础的知识发现系统是下一次学术资源检索发展的方向。

三、检索技术应用趋势

鉴于 OPAC 和联邦检索系统的不足,近年来,图书馆界一直在寻求一种数字资源的整合之道。为用户提供一个实现各类学术资源发现与获取的一站式解决方案,以提升用户利用资源的有效性与友好性,基于元数据预索引的网络级发现服务系统便是其中的佼佼者。2010 年,美国著名的教育技术方面年度报告《地平线报告》就指出,网络规模发现服务将是未来三年发展迅速的一个领域。据几大网络规模发现服务提供商统计,截至 2011 底,已经有 400 余家美国高校图书馆和公共图书馆使用网络规模发现服务。目前,被我国高校用户认识和采用发现服务系统主要有 Summon、EDS 和 Primo 三个产品,虽然用户数量较少,但已引起了业内的广泛关注。

发现服务系统将图书馆的所有资源和馆外学术资源纳入了统一的架构和单一的索引体系,它事先为图书馆众多的本地和远程资源建立了一个集中索引仓储,用户通过一个类似谷歌的单一检索框检索这个仓储以实现资源的一站式检索,并且这些系统还会对检索结果进行有效的组织和揭示,以帮助用户发现最合适的资源,系统的稳定性方面也超越了所有以往的统一检索产品。因此它是高校图书馆学术资源深度整合和便捷获取的发展方向。

目前的发现系统主要采用两种系统架构:纯 SaaS(软件即服务)型和混合型。纯 SaaS 型以 Summon 系统为代表,完全将元数据仓部署在云端,力求实现对于图书馆全部资源元数据的覆盖,并在此基础上构建一个完整统一的元数据索引,如图 6-5 所示。

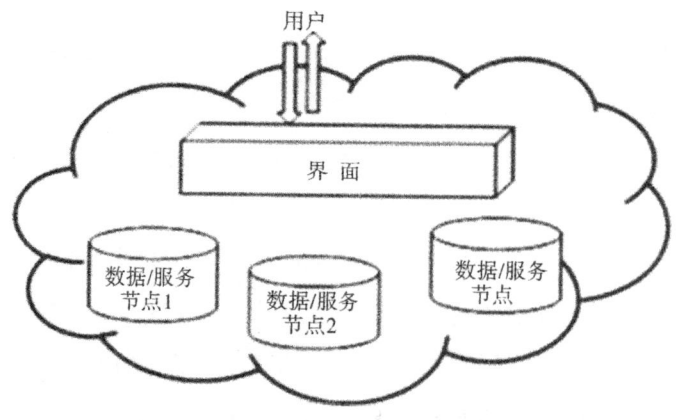

图 6-5 纯 SaaS 模式的发现服务体系结构

混合型以 Primo 系统为代表,本馆馆藏和自建资源数据部署在本地,其他元数据部分则部署在云端,目的是以馆藏和自建资源补充目前元数据仓储中元数据覆盖的不足,如图 6-6 所示。

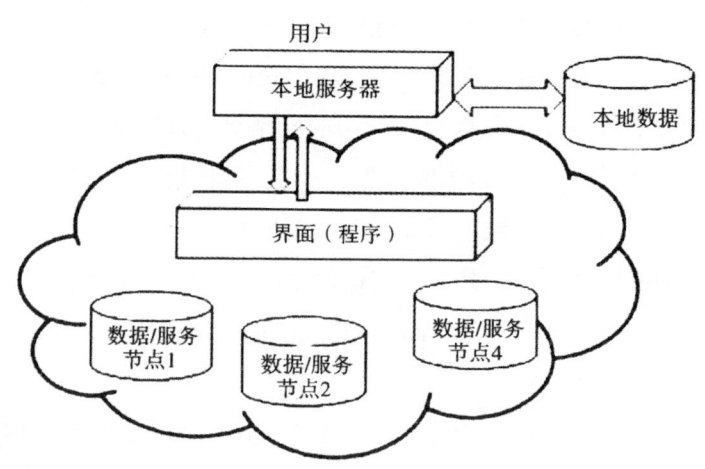

图 6-6 混合模式的发现服务体系结构

两种模式各有利弊,混合型模式能更好地和图书馆原有的 OPAC 系统进行整合,而纯 SaaS 模式能减少图书馆对学术资源维护的成本。

有关发现服务系统的功能,我们以清华大学图书馆的"水木搜索"(Primo 系统)为例:

①在资源整合方面可以整合查询图书馆的各类馆藏资源,包括实体资源和数字资源,涵盖了本地拥有的资源、远程存取资源、书目、全文等。

②在检索方式方面,Primo 提供了简单检索和高级检索两种模式,其中简单检索类似于谷歌的单一检索框,方便读者进行快速检索;高级检索则提供了"题名""作者""主题词"四个检索字段限定栏,同时可以限定"资料类型""语种"和"出版日期"等文献特征,

同一字段内可以使用 AND、OR、NOT 进行逻辑检索，可使用半角双引号进行精确匹配，可使用截词符，不同检索条件间逻辑以 AND 逻辑连接，从而满足精确检索的需要。

③在检索结果提炼方面，提供了多样化的排序和分面分析功能。Primo 将检索结果按照相关度分值排序，与查询相关度最大的排在最前面，读者可以重新选择排序方式，然后按日期或流行程度排序；在分面分析方面，可以通过主题、文献类型、作者、出版来源和语种等多个角度来提炼结果。多样化的结果排序和分面为读者筛选文献提供了便捷的通道。

④在结果获取方面，提供资源的一站式获取。每条记录的简单浏览界面会显示获取链接，结果页面提供直接查看馆藏的借阅信息、提供已购电子资源的全文链接并提供开放资源的 SFX 链接功能等。

此外，该系统还整合了个性化显示和 Web2.0 的功能，结果页面会显示与检索主题相关的百科词条，显示图书封面、目次、书评，并将不同版本或多个分册的图书书目记录合并为一条记录显示；它可以让人们联机协作与共享信息，用户参与互动，给系统提供的数据增值，用户可以为百科词条挑错，为记录增加标签、评论、打分，还可以发送检索结果至 EndNote 等。

当然，目前的发现服务系统也存在一系列问题，主要表现在：①国外的几大发现服务系统针对中文资源的目录签约度不高，导致了发现服务系统仅能访问少数中文资源；②并非所有资源都能实现全文检索；③现有的资源发现系统尚不能很好地揭示不同资源条目之间的复杂关系。

针对以上问题，目前发现提供商和图书馆解决采取了部分弥补措施，例如，针对中文资源的访问瓶颈，EDS 和南京大学联合开发了 Find+，利用国内的合作团队开发中文目录资源；而某些高校采取的办法是在引进国外发现服务系统的同时，引进国内开发的中文发现系统。西安交通大学图书馆为例，该馆在引进国外 Summon 发现服务系统的同时，也购买了国内超星发现作为中文资源发现的补充。但由于版权的原因，要想实现所有资源的全文检索则是一个不可完成的任务。在今后的研发过程中，如发现系统更好地借鉴 FRBR（书目记录的功能需求）的思想，将会对资源条目之间的关系揭示带来改进。大数据时代的"3V"：量级（Volume）、速度（Velocity）和多样性（Variety）给不断加大学术资源建设投入的高校带来了严峻挑战，如何让文献检索服务得到广大师生用户的认同是实现大数据第四个"V"（Value）的重要前提，而学术资源检索技术的采用又是文献检索服务得以实现的重要前提。每个新的检索技术的采用并不是对先前技术的全盘否定或者抛弃，而是以原有技术为基础的改进和增加，它们之间是整合协同关系。高校的学术资源提供者应关注检索技术的发展，了解各种检索技术的优缺点，结合用户的切实需求和使用习惯，及时引进新技术并科学引导用户对新技术进行利用，以达到高效利用学术资源的目的。

第三节　互联网背景下高校图书馆个性化信息服务

近年来，国内高校图书馆致力于个性化信息服务的开展，作为信息定向明确、服务针对性强、使用便捷的一种新兴服务模式，它的深入推广受到了高校师生的广泛好评。随着个性化信息服务的大范围推广，如何根据用户不断变化的信息需求情境，实时调整信息服务策略，更好地体现信息服务的"个性化"特征成为高校图书馆个性化信息服务发展亟待解决的问题。

一、个性化信息服务的发展瓶颈

感知用户真实的信息需求情境是开展个性化信息服务的前提。目前，在个性化信息服务过程中，各高校图书馆通行的做法是通过问卷调查、网络访谈、电话咨询等途径事前获知用户的信息需求，通过对获得的用户需求信息进行分析，进而由学科馆员或参考馆员针对相应的信息需求开展独具特色的相关服务。受用户不断变化的信息需求等因素的制约，传统的个性化信息服务模式存在明显不足。

（1）无从感知用户真实的信息情境

传统的个性化信息服务模式在获取用户信息需求时大都以问卷调查或访谈为主，这些传统的信息需求获取模式受问卷调查表设计缺陷、用户表达不清、担忧网络访谈泄露自身隐私等因素的限制，使得高校图书馆获取的用户信息需求往往存在一定偏差，在不真实的信息需求基础上开展个性化信息服务势必难以取得理想的效果。

（2）服务针对性有所缺失

高校图书馆的服务对象主要是在校师生。受师生的教学进度、研究任务不断变化等相关因素的影响，个性化信息要取得良好的使用效益，必须及时根据用户不断变化的信息需求情境实时调整服务策略。然而受时间局限性、频繁沟通的不便等各种因素的制约，日常服务中，师生往往无法做到或不愿向图书馆员来反映自己已经变化了的信息需求，因无法实时感知用户变化了的信息需求，导致高校图书馆所提供的个性化信息服务与用户的信息需求存在严重脱节，服务针对性较差。

（3）个性化信息服务遭遇用户流失危机

互联网环境下成长起来的大学生，自身掌握了丰富的互联网使用经验，他们对图书馆的依赖性有所降低，受图书馆信息服务针对性不强、信息使用不便等因素影响，当有信息需求时他们首先想到的是百度、谷歌、SNS等途径而非求助图书馆。一方面，高校图书馆掌握了丰富的馆藏资源，希望通过个性化信息服务方式为资源找到使用者；另一方面，个性化信息服务针对性不强，用户大量流失。提高个性化信息服务针对性，强化用户使用体验满意度，成为高校图书馆个性化信息服务过程中必须解决的难题。

二、个性化信息服务系统可行性

1. 丰富的数据来源

高校图书馆作为全校的信息资源中心,积累了海量的用户行为数据,如用户查询书目产生的 OPAC 日志,用户借还书所产生的借阅信息,用户浏览、下载电子资源所产生的电子数据库使用痕迹,用户使用学科化信息服务中心与学科馆员的互动信息,用户在图书馆微博和公众号中留下的评语,用户访问图书馆论坛停留时间等。这些海量数据从侧面真实地反映了用户变化着的信息情境,通过对这些海量数据进行有针对性的挖掘、分析,可真实反映用户当下的信息情境,进而为图书馆开展个性化信息服务提供决策参考。

2. 较易识别的目标群体

开展个性化信息服务,需实时跟踪用户不断变化的信息行为,分析用户的信息需求,进而实现精准定位的信息推送。获取用户的信息需求离不开实时的 Web 数据挖掘,而 Web 数据挖掘的难题之一是目标用户的身份识别。对高校图书馆个性化信息服务系统而言,目标群体具有明显的区分度,较易识别。受经费、版权等因素的制约,目前高校图书馆的服务对象主要是在校师生,师生使用图书馆资源时,其信息均已在图书馆注册过,通过对师生的信息记录进行相应的识别,即可准确定位目标群体。此外,高校师生在校园内访问网络资源时,其电脑 IP 地址大都已经在校园网网络中心注册过,通过客户端的用户名及密码,可轻松实现目标用户的精准识别。

3. 用户信息需求的实时感知

用户的信息需求可以通过其相关的信息行为体现出来。对高校师生而言,当他们在教学、科研或学习方面有信息需求时,大都会通过图书馆或互联网等途径进行自我服务。在自我服务过程中,后台服务器能如实记录用户的信息行为数据,通过对这些数据的深入挖掘,用户实时的信息需求显露无遗。

三、个性化信息服务系统构建

1. 系统构建目标

大数据环境下构建高校图书馆个性化信息服务系统,其最终目的是通过对互联网上用户使用日志、会话信息、评论信息、搜索查询记录、图书馆使用记录等进行深入挖掘,实时感知用户变化着的信息需求,进而针对用户的真实信息情境开展有针对性的个性化信息服务。基于系统的构建目的,系统的构建目标为:在图书馆已有的信息服务平台及服务模式的基础上,整合来自不同数据仓库中的相关记录,通过 Web 数据挖掘,感知用户实时的信息需求,并基于此开展有针对性的个性化信息服务。

2. 高校图书馆个性化信息服务系统模型

通过对用户行为数据的实时跟踪,获取用户的信息需求,涉及数据集合、数据规范化、信息分析、信息推送等功能。大数据环境下高校图书馆个性化信息服务系统应包含数据集成模块、数据规范化处理模块、信息分析模块（含结构化数据分析模块、互联网日志分析模块、移动终端位置判定模块）、信息匹配模块、信息推送模块、用户使用评价模块。

3. 高校图书馆个性化信息服务系统模块功能

（1）数据集成模块

高校师生的信息行为数据分散地存储在图书馆不同的自动化系统中，数据集成模块用于将图书馆信息系统相关记录、学科化信息服务平台信息、电子资源使用记录、网络日志等多个数据源中的相关数据进行链接，将不同来源、不同格式、不同记录结构、不同含义特点的数据记录在逻辑上进行有机集中，为数据规范化处理做好准备工作。

（2）数据规范化处理模块

数据规范化处理模块用于对集成后数据进行规范化处理，以使数据符合数据挖掘相关算法的需要。数据规范化处理工作流程如图 6-7 所示。

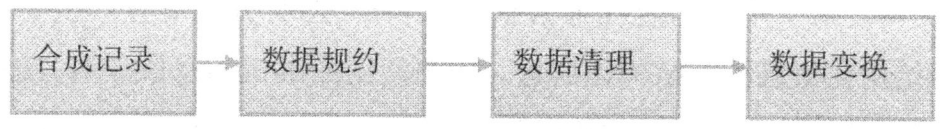

图 6-7　数据规范化处理模块流程

第一，合成记录。图书馆所使用的自动化系统由不同的软件开发商提供，因彼此之间缺乏沟通协调，各服务供应商的系统数据库中的数据字段其格式及含义各不相同，要对用户的信息行为进行挖掘，必须选取唯一标识用户的数据字段对来自不同系统的用户行为数据进行有机集合。对高校师生而言，他们使用图书馆的资源，要通过先前办理的图书借阅证，因读者编号具有唯一性，可以将读者编号作为连接用户存贮在不同数据库中的相关记录的连接标识符。

第二，数据规约。不同数据库或网络日志中的信息记录具有不同的标识及记录方法，比如读者信息库中的性别记录可能为"男"或"女"；而校园网络信息中心用户网络日志中的信息记录可能为"Male"或"Female"，而实际他们具有相同的含义，数据规约功能用来对具有不同属性名但含义相同的数据进行规范化处理，以达到降低数据歧义，提高数据分析准确性的目的。

第三，数据清理。经合成记录模块、数据规约模块处理后，同一用户在不同数据库中的记录被集中到了同一字段，这些字段值中有的是重复记录的，需要保留一个属性值，剔除重复属性值；有的部分数据不全，对于遗漏的数据信息，需要进行补充；有的数据有误，需要进行更正；有的部分数值为实数值需要进行离散化处理。数据清理模块主要用于清除噪声数据、污染数据、错误数据及不一致数据。

第四，数据变换。不同的数据分析及数据挖掘算法对数据具有不同的要求，数据变换模块主要通过平滑聚集、数据概化等方式将数据转换成适合数据挖掘算法要求的数据形式。

（3）信息分析模块

高校师生有信息需求时，会通过三种途径加以解决。一是通过图书馆提供的相应服务；二是通过互联网搜索引擎进行信息搜索；三是通过移动互联网求助社交网站。对于用户的这几种信息资源利用方式，分别对应产生了结构化信息、半结构化信息和非结构化信息。用户使用图书馆信息服务时，图书馆大都通过一定的技术手段对用户的咨询内容、服务反馈等进行了如实记载，这些记录大都以规范的表格存储在相应的数据仓库中，属于结构化数据分析模块处理范畴；用户利用互联网进行信息搜索时，会在服务器日志文件中留下使用痕迹，对用户的网络信息行为进行相关分析，属于互联网日志分析模块功能范畴；用户使用移动互联网，利用虚拟人际关系进行信息求助时，其核心节点是人，而非网页，因此对于移动互联网日志我们需要采取特殊的信息分析策略来进行有效分析。

第一，结构化信息分析模块。结构化信息具有固定与规范的数据格式，该模块主要对数据聚合、数据规范化处理后的数据进行数据挖掘操作，对数据挖掘后的相关数据进行聚类与分类处理，根据用户的信息行为，将用户细分为不同的数据粒度，以识别不同用户之间相似的信息行为及相同用户在不同时间段差异性的信息需求行为。

第二，互联网日志分析模块。互联网日志如实地记录了用户对 Web 服务器的访问情况，通过对这些数据进行分析，可以快速、准确获知用户当前的信息需求。互联网日志分析模块分三个工作步骤，如图 6-8 所示。

图 6-8　互联网日志分析模块流程

数据处理模块主要用于对相关数据进行净化处理，识别用户身份，删除不必要信息以达到缩减数据规模、降低系统响应时延的目的。经数据处理模块对数据处理后，可形成如下用户访问日志（见表 6-1）。

表 6-1　用户访问日志

字段名	字段值（举例）	备注解析
IP	192.168.×.××	通过电脑 IP 定位用户
时间	3/29/2014	用户访问时间
响应代码	200	用户访问页面时返回的状态码
访问页面	/books/27458.html	用户访问的页面信息
访问频次	27	用户对某一页面的访问频次统计
所用时间	7M	用户端在相关页面停留时间

续　表

字段名	字段值（举例）	备注解析
CRI 查询	××××××	客户端搜索时所使用的字符串
Cookie	××××××	Cookie 中所记录的相关信息
办法	CET	用户端试图进行的操作

在进行互联网信息访问时，用户有可能不通过网页上的链接功能进行页面访问，而是通过浏览器的后退功能直接调用缓存在计算机中的历史记录来进行访问。路径补充模块用于识别用户当前页面信息的原始来源，补充缺失的用户访问路径。

网页的访问频率及停留时间对于判定用户的信息需求具有重要意义。如果用户频繁地访问某一页面或在某一页面上停留了较长时间，则可以认为该页面是用户信息需求的一个集中反映。访问统计模块用于对用户在不同时间段访问的相关页面进行频次统计，填写用户访问日志表中的"访问频次字段"，为用户信息需求判断提供决策参考。

第三，移动信息分析模块。随着智能手机终端、平板等各种移动设备的普及，高校师生通过移动终端获取信息资源已成常态，为改进服务方式，高校图书馆适时推出了微博、微信、掌上图书馆等服务模式，对这些服务模式中所积累的用户信息进行挖掘，对于个性化信息服务的开展具有重要意义。移动信息分析模块用于对用户的移动互联网浏览信息进行挖掘，以获取用户的地理位置、兴趣点等信息行为特征，根据用户的兴趣点实现信息资源与用户移动终端的精确匹配。

（4）信息匹配模块

获知用户的实时信息需求后，高校图书馆工作人员在信息匹配模块针对用户不同的信息需求，利用馆藏资源及互联网信息资源制订不同的信息服务策略，满足用户的个性化信息需求。

（5）信息推送模块

信息推送模块用于对不同的用户进行有针对性的信息推送。系统提供三种信息推送模式，一是用户借阅相关书籍或使用电子资源时自动给用户推荐数据挖掘中发现的其他用户的信息选择结果，有针对性地推荐用户尚未发现的信息资源；二是当用户使用图书馆微博、微信、学科服务时，第一时间根据数据分析的结果，向用户进行相关信息推荐提示；三是根据用户的移动终端位置及终端类型，及时向用户推送其订阅的相关信息。

（6）用户使用评价模块

通过大量的数据挖掘与分析，个性化信息服务系统发现了用户的行为意图，并向用户推送了相关信息。为提高个性化信息服务的针对性，提高系统服务的精准度，用户在接收相关信息时，可以通过用户使用评价模块直接对接收的信息进行评价，系统自动将用户的评价信息存入后台的个性化信息服务库。个性化信息服务库中的信息积累可以为日后高校图书馆工作人员修正数据挖掘算法提供参考，以改进个性化信息服务系统的服务效果。

四、个性化信息服务系统应用

1. 用户隐私权可能受损

个性化信息服务系统通过对用户信息行为数据的集成、分析、聚类、分类等相应处理，发现数据之间隐藏着的用户信息特质，为更好地获取用户信息需求，用户信息行为痕迹被系统实时地监控，无形中增加了用户隐私权受威胁和侵犯的概率。为保障用户的隐私权，在进行用户信息行为数据分析前必须征得用户本人的同意，同时在数据分析前必须对涉及用户隐私的相关数据进行相应的数据清洗操作，删除与个性化信息服务无关的数据，最大程度上避免用户的隐私权受损。

2. 数据来源的限制

只有当用户的信息行为数据达到一定的存储规模并具有一定的数据耦合度时，才能通过个性化信息分析系统来进行数据的深度挖掘与分析，得到具有较高价值的用户信息需求特征。个性化信息服务系统的数据来源大部分局限于校园内，对于用户在校园外的信息行为数据，必须通过与电信服务运营商和移动服务提供商进行沟通协调方能获得。因此，数据来源的局限性，在一定程度上降低了用户信息行为特征识别的精准度。

第四节　互联网背景下高校图书馆嵌入式服务

随着现代信息社会及科学技术的不断发展，使得学科内的团队合作和学科间的交叉合作日益明显，对其综合化要求也越来越高，在具体研究中，对多学科文献资料的专业获取与综合分析成为研究常态。对以主要为院校师生科研、教学提供文献保障与文献信息服务的高校图书馆而言，这些趋势的显现，使得他们不得不思考如何顺应时代的要求，将图书馆服务的中心从以文献为中心转向以用户为中心，无缝地、动态地、互动地融入用户的科研过程中，以此为用户提供专业化、学科化的便捷服务。于是，能满足上述要求与顺应用户需求的融入用户工作学习生活空间的嵌入式服务自被创新应用以来，就迅速地受到了国内外图书馆特别是以为科研等提供信息保障的高校图书馆的青睐，得到了广泛应用。

一、高校图书馆嵌入式服务内容

自 1993 年米歇尔·鲍文斯第一次提出"嵌入式"（embedded）概念，嵌入式逐渐在高校师生的教学科研信息服务中得到动态展现。21 世纪，随着 Web2.0 等现代信息技术的发展与人们获取信息的网络化、数字化趋势愈加明显，嵌入式服务得到了长足发展，图书馆特别是高校图书馆提供嵌入式服务已成为国内外近年来流行的一种主要信息服务模式，并得到国际图联（IFLA）、美国图书馆协会（ALA）等图书馆组织的重视。如国际图联 2008

年社会科学图书馆学分会讨论的论题之一就是"变化着的图书馆员角色,学科馆员、嵌入式馆员等如何改变学术交流的模式"。美国图书馆协会 2011 年的一期网络直播节目就是关于嵌入式馆员借助不同的方式和途径,嵌入到高校院系的物理空间和虚拟空间,并且有效地融入相关的教学科研活动中。

国外不少图情工作者都认为图书馆的未来取决于图书馆员自身能力的转变,要将大卫·舒马克在其著作《嵌入式图书馆员》中用巡回图书馆员、个人图书馆员、虚拟图书馆员、信息工作者和联络者等称谓来定义离开自己的办公桌,并试图利用他们的人际关系和专业知识,更好地服务于特定的用户群体的图书馆员,他们实践着图书馆的嵌入式服务。通过物理空间的嵌入、虚拟空间的嵌入以及组织空间的嵌入,主动走出图书馆,改变图书馆只"藏"的知识管理模式,而要结合"藏"更好地"用"信息资源,重塑高校图书馆的"智库"价值。

图书馆嵌入式服务是通过利用"藏"在图书馆的知识去服务用户,实现了由向用户提供信息的能力到向用户提供知识能力的转变。因此在开展之初不少图情工作者就认为嵌入式服务将是未来高校图书馆信息服务的必然发展趋势。如美国嵌入式服务研究专家大卫·舒马克指出,从馆内的参考咨询服务向嵌入式馆员的转变是非常必要的。这种认识的出现是因为用户有着不同的专业背景与学科需求,这使得高校图书馆员在日常的服务工作中不但对图书馆信息服务所需的信息检索、信息组织与信息分析等工作技能有着深厚的积累和历练,也对所面对用户的学科领域知识较为熟悉和了解,因而在学科服务上具有一定的优势。由于嵌入式服务能提高资源的发现、利用率,提高用户的图书馆服务满意度,因此,全球范围的高校图书馆都根据自身学科优势和特点积极探索实践嵌入式服务,提倡学科馆员走出图书馆,为用户提供跨越时空的信息咨询、学科导航、课题跟踪、科学数据发现和管理等服务,以促使他们有机地融入师生的教学、科研和学习之中。如美国亚利桑那健康科学图书馆组织嵌入式图书馆员,为各学院提供分布式服务;约翰霍普金斯大学韦尔奇医学图书馆的嵌入式信息专员项目面向教师、学生和职员开展服务;我国的中国科学院国家科学图书馆也早在 2006 年就提出了"融入一线、嵌入过程"的第二代学科馆员服务,即嵌入式服务模式。

二、高校图书馆嵌入式服务实践

20 世纪 90 年代,我国一些大学图书馆在借鉴国外嵌入式服务的基础上,开始尝试在教师的教学、科研项目中开展嵌入式服务。但当时由于受技术、资源及服务经验等的多方限制,开展的服务也大多是基于学科资源服务与推送提供的学科服务,还不能完全称之为嵌入式服务,自进入 21 世纪以来,我国高校图书馆才开始真正实践嵌入式服务,如 2006 年江西宜春学院图书馆开展的在医学院临床专业一种以学生、教学院为中心的教师和馆员学科教育合作模式探索、2007 年沈阳师范大学图书馆尝试应用"Big6 信息问题解决模式"

嵌入到本科生和研究生的教学过程中、2008年上海交通大学图书馆与任课教师合作，开展了嵌入新生课程的信息素养培训等。随着我国高校图书馆嵌入式服务的深入开展，嵌入式服务的方式、途径与模式也多种多样，我国已有学者将嵌入式服务的途径、模式等进行了总结与分类。作者在此根据嵌入式服务的活动目的与过程不同，将其分为嵌入到师生科研项目活动中的服务、嵌入到日常教学活动中的服务、嵌入到日常学习和生活活动中的服务以及嵌入到政府与社会组织中的服务四种类型。

1. 嵌入到师生科研项目活动中的服务

嵌入到科研项目活动中的嵌入式服务是高校图书馆嵌入式服务的主要形式。具体是指高校图书馆利用自己的丰富资源与在信息获取等方面的专业服务优势，使图书馆员参与用户科研团队，从项目的选题、申报、研究、结题、成果评价和成果转化等各个环节提供全程式的知识信息服务。在科研过程中，图书馆员为科研人员提供研究背景、国内外研究现状等信息，定期或不定期提供同行的最新研究进展与学术动态信息，撰写专题调研报告、学科领域的技术热点报告，对科研机构及其国际国内竞争对象的研发实力、研发产出、未来研发趋势、市场竞争力等方面进行分析与评价。如上海交通大学图书馆农业环境学科馆员范秀凤积极嵌入到教师的科学研究过程，2011年1月12日受邀参与上海交通大学农业与生物学院召开的"农业与生物学院科研项目申报工作会议"，并做了题为"科研课题申请前的文献调研和前沿跟踪"的讲座；上海交通大学图书馆的语言媒体学科馆员汤莉华充分发挥馆员在信息收集、资源获取方面的专长，为刘士林教授的研究课题《中国都市化进程报告》提供面对面的资源检索辅导服务，还为刘士林教授主编的《中国都市文化研究》主持"都市学术资讯"栏目与编撰。

2. 嵌入到日常教学活动中的服务

高校图书馆是学生的第二课堂，除提供信息资源外，为学生提供信息素养教育、提高学生的阅读兴趣与技能等也是其应有的职能之一。因此，图书馆除向科研团队等提供嵌入科研过程的服务之外，将服务嵌入到日常教学活动之中也是其嵌入式服务的一大主要组成部分。国内高校图书馆嵌入到日常教学活动之中的服务，主要是以图书馆员作为教学助手嵌入到用户课堂或者嵌入到网络教学平台（如Blackboard、Web CT等），有机地将信息素养与专业课程结合起来，把信息检索技能、信息意识和信息道德融入专业课程教学内容，通过专业教师与图书馆员的协作使学生掌握专业课程的基本知识，提高学生的信息素养能力，增强学生的自学能力和科研创新能力。例如，自2008年起，上海交通大学图书馆与国家级教学名师王如竹教授倾力合作推出嵌入式新生研讨课《可再生能源的高效转化与利用》。在嵌入式新生研讨课基础上，王如竹教授与图书馆合作申报的《新生研讨课的嵌入式教学和考核新模式探讨》项目获批为2010年上海交通大学本科教学改革项目；重庆工学院图书馆与该校汽车学院合作，将信息素养教育融入《互换性及测量技术》课程的教学和实践。图书馆员负责拟定信息素养课程教学策略、教学大纲，收集大学生实习主题的相关信息，对《互换性及测量技术》课程学习前后大学生信息素养能力进行测试和分析，根据测试分析结果为学科教学和信息素养教学提供改进的参考建议。

3. 嵌入到日常学习和生活活动中的服务

现代信息技术的发展与泛在知识环境的进一步深化,使得人们的信息需求、信息获取都发生了巨大的变化,各种信息服务机构无处不在、无时不有的服务对作为传统社会信息中心的图书馆提出了挑战,为了应对这一挑战,图书馆通过流动图书车、24小时自动借还机来延伸物理服务空间;通过移动图书馆、数字图书馆来延伸网络服务空间;还通过Web2.0技术、工具条开发技术嵌入到社交网络、用户计算机桌面、浏览器、手机等移动终端来实现用户日常学习、生活的嵌入式服务。如清华大学图书馆研发了"The library"工具条、北京大学图书馆研发了"LIBX"工具条等嵌入到用户的浏览器之中;上海师范大学图书馆、清华大学图书馆于2009年11月2日和11月27日分别融入开心网、人人网,围绕图书馆的最新动态和专题培训等信息服务发布日志和记录,建立起"以书为介质、以人为中心"的交流互动,通过投票、测试等趣味应用以及可预期和随机的奖励,让用户对图书馆产生兴趣,使图书馆服务无缝融入用户的社会网络。

4. 嵌入到政府与社会组织中的服务

高校图书馆作为高校的文献信息中心,拥有丰富的专业资源,同时,图书馆员不仅具有信息检索、信息组织等专业服务素养,更是由于近年来高校图书馆在学科服务方面的开展与积累,使得图书馆员还具有较为深厚的专业学科知识,具有一般机构信息服务人员难以比拟的优势,因而高校图书馆在专业领域的信息服务方面还具有人才优势。随着高校图书馆面向社会开放的推进,高校图书馆不仅将文献资源、学习空间面向社会开放,还结合阵地服务,开展了诸如社会阅读推广等社会活动与服务,面向社会、企业、科研单位的嵌入式服务就是其中之一。高校图书馆面向社会提供的嵌入式服务主要是针对用户的需求,提供专题报告,如2009年清华大学图书馆的四位学科馆员和该校的几名博士研究生合作,为北京某科研单位太阳能新材料技术研究提供月度简报和发展态势研究报告。

三、高校图书馆嵌入式服务发展趋势

(一)服务更注重用户体验,服务呈现立体化、常态化趋势

通过嵌入式服务,学科馆员将用户可能需要的信息知识推送到了用户的科研、学习与生活之中,由此可以看出,用户的信息知识获取是在学科馆员根据用户的科研项目、学科背景、选题领域等分析基础上的信息推送、素养培养,对用户来说是一种被动的信息接收过程。毫无疑问,这类针对性与专业性强、信息丰富的信息知识,对于用户来说是非常有价值的,但由于用户的信息接收途径、时间等个体喜好的差异,图书馆完全按照自己的服务模式,去向用户提供已经设定了服务模式的数据产品,用户的体验感受无法在服务中得到体现与反馈,这与越来越强调用户体验的图书馆服务理念是相悖的。因此,可以预见,在嵌入式服务的经验与模式已达到一定积累和成熟的未来,注重用户体验的嵌入式服务将

是图书馆服务发展趋势之一。而且随着大数据时代用户的要求更加趋向差异化、知识化、学科化方向发展，图书馆的嵌入式服务将呈现立体化与常态化发展趋势，从而实现泛在知识环境下的任何时间、任何地点、任何方式获取所需信息。

（二）技术在服务中将发挥更大的作用

技术的产生、发展、运用总能推动着社会的进步，图书馆一直是善于运用信息技术的社会机构，从20世纪70年代的MARC到20世纪末的元数据，再到21世纪初的云计算、大数据，图书馆总能在探索中找到将它们应用于读者服务之中的方式、途径，并且每一种新技术的出现都能促使图书馆升级服务的模式。对嵌入式服务来说，现在已有了从最早的将学科馆员嵌入到科研团队、教师课堂等环境之中来为其提供相应的信息知识，到后来的通过工具嵌入到用户的桌面、浏览器、社交网络等以通过用户的信息定制、互动会话来实现信息的嵌入推送服务。大数据时代的到来推动技术在嵌入式服务中起到越来越大的作用，基于信息数据分析、数据挖掘、知识发现的大数据技术将运用到用户的服务之中，以通过分析、挖掘丰富的用户信息行为等数据来实现对用户可能需要知识的深层揭示与提供。

大数据时代的到来，数据的类型将更加多样，数据的数量将更加丰富，对数据和真相的分析与认识需要管理平台和技术的保障，因而在知识环境下进行所需信息的查找变得更加困难，图书馆需要对服务的内容、对象和手段实施变革，通过系统集成、服务集成、团队工作等多种方式，采用开放式的服务模式，协调和利用各种技术、知识、资源和人员，融入用户工作学习和生活的物理空间、虚拟空间、组织机构和社会网络，嵌入到用户教育、科学研究和决策过程，提供一种到身边、到桌面、随时随地的主动服务。

第五节 互联网背景下高校图书馆知识服务

信息社会的快速发展与大量智能终端的广泛应用，使得数据的产生、来源、类型变得简单而丰富，越来越多的非结构化数据、半结构化数据呈爆发式增长，且其组成结构、类型格式、存在形态等都愈加复杂，整个社会发展进入了一个大数据时代。大数据时代，数据将成为社会资源的一部分被加以重视，基于数据的处理、分析、挖掘等服务都将被信息服务机构所应用和开展，这对承载着知识存储、组织、开发与传播重任的图书馆及以文献信息分析为基础的图书馆咨询服务工作造成了强烈冲击，大数据为高校图书馆知识咨询带来新的机遇。

一、高校图书馆咨询服务新模式

1. 知识咨询服务：有别于传统咨询服务的创新型服务

知识咨询与参考咨询及信息咨询相比，在诸多方面均存在着差异。首先，从定义来看，知识咨询是针对用户在工作、学习、生活中的知识选择、吸收、利用需求，以图书馆员的图书馆学、情报学、信息学等专业知识为基础，利用先进的技术对相关信息进行提取、组织、优化，融入用户知识获取的全过程，为用户决策与创新提供丰富的知识、有效的答案；参考咨询是图书馆员根据用户需求而进行的文献搜集、检索、揭示、传递并提供知识产品的过程；信息咨询则是向用户提供有关数据、资料的服务过程。其次，从服务的专业化、知识化水平来看，参考咨询和信息咨询都只限于所能提供的数据或信息，而知识咨询更在意是否能提供解决用户问题的知识。最后，从服务类型来看，知识咨询服务的提供方式可以是参考咨询、信息咨询的服务提供方式，如将结构化（或标准化）文献信息、数据、线索提供给用户，或将进行了一定数据分析加工的知识产品提供给用户。但知识咨询服务更注重用户的专业化、知识化、个性化需求，提供解决用户实际问题的知识，以及与用户协同合作创造的知识服务和面向用户的知识管理等。

2. 知识咨询服务：大数据时代图书馆知识服务的主要方式与手段

大数据时代，信息资源的竞争力已不再是其所占的数量、范围等因素，而是在于基于信息资源服务的信息化、知识化和信息数据的分析与组织程度，以及基于知识的创新力竞争，产品和服务的最大价值判断标准是其隐藏的信息与知识含量多少，提高产品的信息化、知识化，以寻求隐藏在事物表象背后的本质成为市场竞争的主要手段。图书馆界已敏锐地看到了社会的发展及服务的转变需求，由原来的资源依赖型、劳动密集型服务向知识服务、信息服务转变。21世纪初，国内外图书馆界在知识服务方面就进行了积极探索，到目前已形成了较为完整的图书馆知识服务体系，产生了大量个性化、专业化、团队化的创新服务途径与模式。其中，基于内容分析，与知识服务完美融合的知识咨询服务，必将成为图书馆在大数据时代的咨询服务模式。

二、高校图书馆知识咨询服务新机遇

大数据时代的到来，意味着我们进入了一个以密集型数据的相关挖掘、分析、处理来推动社会创新发展的时代，基于大数据分析等数据处理业务的盛行与成熟，也将为高校图书馆知识咨询服务带来新的发展机遇。

（1）大数据为知识咨询服务带来了更加丰富的数据资源

大数据时代的到来，意味着大量的非结构化数据、半结构化数据应用将进入人们的视野，据互联网数据中心的《数字宇宙》研究报告称，2011年全球被创建和复制的数据总量为1.8ZB，预测到2020年，全球将拥有35ZB的数据量。另一则统计数据显示，世界结构化数据增长率是32%，而非结构化数据增长率则是63%，至2012年，非结构化数据占互联网整个数据量的比例已达到75%。这些数据无不说明大量的社交数据、信息行为数据等结构化数据、非结构化数据、半结构化数据将被记录、存储、分析与利用，无论是数据的类型，还是数据的数量都将得到极大地丰富。

（2）大数据为知识咨询服务带来了更加专业的数据分析技术

信息时代大量信息数据的产生，使得方差分析、判别分析等数据分析理论得到了极大的应用与发展，同时这些分析理论被图书情报服务机构将其与信息技术如仿真模型、神经网络分析、Web 挖掘等有机结合运用到了机构网站链接、学科优势分析、影响力评估、可视化图谱绘制、科技发展态势监测、国家竞争力分析等领域。但具体分析这些技术和理论，会发现它们都是基于大量、有序的结构化数据，并不能从真实发生而又未被记录的数据中发现、挖掘更深、更多的隐含信息，进而得到更能揭示事物发展本质以及发展规律的知识。大数据时代的到来则为这一难题提供了解决方案，通过高速捕捉、发现和分析从大容量、多类型的数据中获取价值的大数据技术架构将为数据分析业务带来更多的变化与支撑，如目前被广泛关注和应用的分布式系统基础架构 Hadoop、非关系型数据库技术 NoSQL 等大数据技术。

（3）大数据为知识咨询服务带来了新的解决问题的思维方式

不管是传统的信息咨询、参考咨询还是知识咨询，一般的服务思维都是出现问题—逻辑分析—找出因果关系—提出解决方案，使用户的问题得以成功解决，可称为逆向思维模式。但根据大数据战略，基于大数据的知识咨询流程是：收集数据—量化分析—找出相互关系—提出优化方案，使用户的问题解决方案从成功跃至卓越，可称为正向思维模式。这种解决问题的思维方式的变化将为图书馆的知识咨询服务带来发展机遇，也可引入其他服务。国际商业机器公司与美国孟菲斯警察局合作的"利用数据历史减少犯罪"项目就是一个很好的例证。该项目将大量的数据进行软件分析，发现强奸案和户外付费电话之间存在着较强的关联关系，因此，警方决定将付费电话转移至室内，这使得强奸案的发案率明显降低。

（4）大数据为知识咨询服务提供了广阔的合作视野

知识咨询服务与传统的信息咨询、参考咨询最大的区别就是知识咨询以用户需求为本，寻求解决用户疑问的知识服务。这种服务一方面需要以专业的知识组织、知识发现等素养去完成，另一方面也需要大量的相关信息、数据去支撑，而这些信息、数据的组成很可能是某一专业领域的，也可能是跨专业领域、多专业领域的；既可能是一个信息机构所拥有的，又可能是多个信息机构共同拥有的。这种特征在当前信息时代非常突出，而在大数据时代将更加显现，这就为图书馆带来了一个巨大的发展机会。因为从微观上看，图书馆的数据资源随着这种特征的突显而更具优势；从宏观上看，数据的更加开放、多学科的数据分析联系更为紧密，将为图书馆与专业性服务机构的多领域、高层次合作注入全新动力。

三、高校图书馆知识咨询服务驱动因素

国际商业机器公司目前发布的基于全球 95 个国家、26 个行业的，1 144 名业务人员和 IT 专业人士广泛调研形成的《分析：大数据在现实世界中的应用》白皮书认为实践大数据的五大驱动因素中，数据资源将会是大数据时代发展各个相关业务的主要驱动因素之

一。同时,"2012年互联网数据中心亚太区大数据高峰论坛"及其与会者的最新调研成果《中国大数据技术与服务市场2012—2016年预测与分析》认为"大数据相关人才的欠缺将成为影响大数据市场发展的一个重要因素"。虽然大数据时代图书馆知识服务的发展驱动因素有很多,但数据资源和人才建设将是最主要和最重要的两大驱动因素。

(1)数据资源建设

大数据时代的到来,使得数据成为企业、机构乃至政府所重视的资源。2012年1月,瑞士达沃斯论坛发布的《大数据、大影响》报告形象地将数据称为社会的"金矿"和"黄金"。此外,一些IT业发达的国家如美国等近来出现了一批以数据的获取、聚合、加工为盈利手段的企业,由此可看出大数据的资源价值。图书馆知识咨询服务中的数据分析,数据处理和数据挖掘等大数据技术的实现也需要大量的大数据资源支持,而这些数据可能是已存在于图书馆数据库中的书目信息、电子图书等结构化数据,也可能是用户在图书馆的借阅行为、阅读习惯等非结构化数据,更可能是在其他社会场所如商业中心、社会服务中心、娱乐中心和工作空间等的信息行为数据。有权威机构2011年发布的统计数据显示,全球数据总量每两年就会增长一倍,预计到2020年人类拥有的数据总量将会达到惊人的35万亿GB。新增数据中,90%以上属于传统技术难以处理的非结构化数据,如音频、视频、图片、网页等。因此,图书馆应认清数据在知识服务特别是知识咨询中的重要性,提高数据收集意识,并通过对现存数据进行分析、加工、重组,把大量随机的、分散的、无序的信息转换为规律的、集中的、有序的数据,来为将来的知识咨询等服务提供坚实的数据保障。

鉴于目前图书馆的数据资源类型较为单一,特别是隐藏着巨大价值的非结构化数据收集几乎属于空白,图书馆在数据资源的建设中,需特别重视非结构化数据的收集与丰富,以满足用户个性化、多样化的知识需求。如美国国会图书馆的"美利坚记忆",收集整理了照片、手稿、海报、乐谱、地图等记载美国历史文化特色的馆藏资源。又如馆内布局与藏书流通率的关系等,表面上看起来毫不相关的两件事,通过大数据分析,却能量化并预测用户的借阅行为。因此,只有将非结构化数据与结构化数据加以综合收集、分析,知识咨询服务才更能得到用户的认同,并创造出真正的价值。令人欣喜的是,国家图书馆正在进行新一期维修改造,建成之后的数字图书馆的非结构化数据存储量将达到800TB,这说明我国图书馆界已认识到大数据带给图书馆的价值与机遇,并已开始了数据的收集与整理工作。

(2)人才培养

大数据时代的到来使得大数据技术与服务市场得到空前发展,也使得社会对掌握数学、统计学、数据分析、商业分析和自然语言处理等多学科知识的数据工作者的需求越来越旺盛。互联网数据中心认为中国大数据技术与服务市场将会从2011年的7 760万美元快速增长到2016年的6.16亿美元,同时麦肯锡也认为2018年,美国需要14万~19万名具有"深度分析"经验的工作者,以及150万名更加精通数据的经理人。而多种数据显示这类工作人员非常稀缺,如著名的国际研究暨顾问机构高德纳咨询公司(Gartner Group)就认为只有 1/3 的新的工作岗位能雇佣到熟悉大数据技能的 IT 专业人员。图书馆若想从信息时代的参考咨询、信息咨询走向大数据时代的知识咨询,并将其嵌入到用户的管理决策,教学科研,科技创新等社会行为的全过程之中,提供以智力、知识、工具的应用为特征的深度知识服务,则需要咨询馆员的知识结构、技能素养等。互联网技术巨头眼中的数据工作者、数据科学家相差无几。因为在大数据时代,图书馆知识咨询馆员既要掌握学科服务、嵌入式服务等咨询服务工作必备的信息检索、信息分析、信息组织及相关平台与工具使用等基本素养,还要掌握大数据环境下的数据挖掘、数据组织等大数据知识与技能。

英特尔中国研究院首席工程师吴甘沙也认为大数据最为关键的部分就是数据分析和挖掘数据价值,这就需要对数学、统计学、机器学习等多方面知识的综合掌控。因此可以看出,大数据时代图书馆知识咨询馆员除需具备传统咨询馆员的基本素养外,还需具备的首要素养就是能对数据做出预测性的、有价值的分析。这是因为从计算机学界的理解来看,大数据的核心技术是机器学习和知识图谱,介于基础设施和应用之间。例如,大数据应用的代表谷歌公司的开发方向即为机器学习以及由搜索团队负责的知识图谱。也正是由于大数据具有这样的业务特点,所以企业最需要两种人才:一类是综合型人才;另一类是技术专家。但对图书馆来说更需要第一类人才,因为图书馆知识咨询馆员既要了解所服务的用户学科背景,还要了解图书馆的相关服务知识,更要了解大数据技术的各个层面,以综合的视角制订切实可行的方案。

在人才培养途径上,目前一些互联网公司已经意识到了大数据人才紧缺的问题,建立了专门的数据科学家团队,但对图书馆来说,与专业的数据处理公司和高校合作,通过人才委托培养等方式,使用成熟的产品和技术是更为现实的选择。另外,一些高校与企业联合开展的大数据教育模式,也为图书馆的大数据人才培养途径提供了捷径与借鉴。如北京航空航天大学计算机学院、软件学院与百度、淘宝、腾讯等企业合作,联合创办了国内首个大数据专业工程硕士培养项目。美国的密歇根州立大学、伊利诺伊州立大学、北卡罗来纳州立大学和亚利桑那州立大学等也开设了大数据的相关课程和研究方向。如亚利桑那州立大学已经围绕元数据、数字格式和数据迁移等主题开设了数字馆藏课;伊利诺伊州立大学香槟分校则开设了一个数据监护方向的硕士学历教育项目。

大数据时代的到来及大量相关技术的广泛应用,将使得海量、复杂、多结构数据的即时获取、精确分析、深度挖掘成为现实,为图书馆等信息服务机构的服务手段、服务理念、服务思维、服务基础、服务载体、服务管理等带来支持与改变,也将为正在国内外图书馆界兴起的知识服务带来诸多服务增长点,其中基于大数据分析支持的知识咨询就是主要的增长点之一。但如同 Web2.0、云计算等技术一样,任何技术都是一把双刃剑,大数据在为图书馆带来全新的技术、方法、平台、理念来帮助和促使人们通过数据整合、数据分析、数据挖掘来揭示出数据的内在价值,并且实现数据的价值增值的同时,也给图书馆带来了诸多的其他问题。如大数据的应用在推动服务向以数据为中心的密集型、创新型服务转化的过程中,用户个人隐私却无处遁形了。2013年央视3·15晚会曝光的网络广告商通过Cookies偷窥用户隐私的行为,其实也就是一种大数据的隐私泄露事件。包括图书馆在内的社会服务机构,若想在大数据时代有所发展,解决诸如此类的相关问题也就显得非常必要和紧迫。

第六节 互联网背景下高校图书馆阅读推广

图书馆学界著名学者范并思认为,高校图书馆应该将阅读推广作为图书馆发展的核心领域。通过推动大学生阅读,培养大学生良好的阅读习惯,帮助大学生树立正确的世界观、价值观、人生观,帮助大学生建立健全人格和品质。在高校图书馆阅读推广中,如果能充分发挥利益相关者的作用,将会使整个阅读推广体系更健全、更丰富、更有效。

1963年,斯坦福大学研究所对"利益相关者"做出了定义,认为:"利益相关者是指若失去其支持则使得组织无法生存的团体。"随后,瑞安曼对"利益相关者"给出了较为全面的定义:"利益相关者通过企业来实现其目标,同时也对企业实现目标产生影响。"目前,影响较大的是1984年美国学者弗里曼在其著作《战略管理:利益相关者管理的分析方法》中提出的利益相关者相关理论,他认为"所谓利益相关者,是指能够对组织目标的实现产生影响,或者受到组织目标影响的个人或者群体"。利益相关者理论明确说明了集体或者集团应该追求的利益最大化不应该仅仅是其本身的利益,应该是集团相关者与集团共同的利益,也说明了集团的发展离不开相关的参与者。

一、高校图书馆用户分析

高校可以被视作一个利益相关者组织,作为高校的一个子组织,高校图书馆也是一个利益相关者组织。高校图书馆的利益相关者,是指那些对高校图书馆的运作和发展产生影响的组织或个人。高校图书馆利益相关者由读者、图书馆员工、管理部门、学校其他部门、资源商、其他图书馆、社会捐助方、媒体、其他相关机构等组成。这些利益相关者可以分为直接相关层、兄弟伙伴层、资助层、其他层四层。

直接相关层,包括直接与图书馆日常事务相关的读者、员工、资源商和管理部门。读者对图书馆的使用状况直接决定了图书馆的资源建设方向和发展目标,所以,读者是图书馆核心的利益相关者。虽然目前读者能够直接参与图书馆管理的途径较少,但是读者参与图书馆管理非常有必要。图书馆员工包括图书馆各个部门的工作人员,图书馆员工是图书馆建设和服务的主体,在大数据环境下,图书馆员工更应该具有连接信息资源和读者的能力。资源商是指为图书馆提供纸质资源、电子资源等资源的出版社、杂志社、电子数据商等,这些资源商提供资源的种类和数量直接决定着读者能从图书馆获得知识和信息的广度和宽度。管理部门是高校中管理图书馆工作的部门,包括财务、基建等部门,这些部门直接决定着图书馆馆舍的位置、大小，图书馆每年能够购买资源的资金等，从而决定了图书馆能够为读者服务的便捷性、舒适性以及图书馆资源的全面性和实效性。

兄弟伙伴层包括学校其他部门和其他图书馆等，学校其他部门是指与图书馆工作不直接相关的部门，这些部门虽然不直接决定图书馆的各项资源，但是可以与图书馆开展合作，如共同举办学生活动等，来提高图书馆的利用率。其他图书馆则指其他院校图书馆和公共图书馆等，通过与兄弟图书馆的合作，共享资源和服务，能够为图书馆的发展提供支持和帮助。

资助层是指为图书馆提供资助和捐助的集体或个人，资助方为图书馆提供资金或者实物捐助，有效地补充高校图书馆在财政方面的不足。

其他层则是指与图书馆工作相关的其他集体或个人，包括媒体等相关机构。

二、国内外高校图书馆阅读推广活动

（一）国内高校图书馆阅读推广活动

国内高校图书馆开展了各种各样的阅读推广活动和读书项目，这些活动主要集中在图书馆主导的一些传统的服务项目上，包括讲座、刊物出版、阅读活动等。

（1）新书／好书推广赏析讲座

许多高校图书馆都开展了新书／好书推广、推荐和赏析的讲座，为读者提供新书资讯。有些高校图书馆会不定期开展相关讲座，邀请图书作者或专家为读者介绍和鉴赏好书。有些高校图书馆还会通过这种方式推荐一些好的影视作品。

（2）导读刊物

不少高校图书馆编制了导读刊物，通过刊物，图书馆工作人员与读者、读者与读者进行交流。刊物内容不仅仅局限于好书推荐、发表读后感，还可以分享经典小故事和原创文章等。

（3）特色阅读活动

高校图书馆根据自己学校和地域特色，开展特色阅读活动，如根据阅读内容定的"红色阅读"，集中推广爱国爱党书籍；根据阅读对象定的"亲子阅读"，主要鼓励教职工与孩子共同阅读；根据时间定的"睡前半小时阅读"，主要倡导读者每天开展一定的阅读。

（4）阅读日／阅读月活动

高校图书馆在特定的时间开展阅读日或者阅读月的活动，如结合4月23日世界阅读日等时间契机，开展读书文化系列活动，引导图书馆读者以书为友，养成良好的自主读书习惯。

（5）结合网络技术的阅读推广活动

许多高校图书馆通过开设图书馆博客、微博等，在网上为图书馆用户推广图书阅读。此外，有些高校还开发了移动图书馆，为读者在手机等移动便携终端提供电子阅读服务。

（二）国外高校图书馆阅读推广活动

国外高校图书馆在阅读推广活动方面，除了开展与国内类似的常规活动外，还有一些特色创新活动，主要有：

（1）鼓励电子阅读

目前电子化阅读非常流行，国外有些高校图书馆专门建立了电子阅读室，让读者在图书馆享受到丰富多彩的电子化阅读。例如，美国北卡罗来纳州立大学就设有专门的学习共享空间，在这个空间里有多种先进的多媒体设备，包括触屏阅读机、影视墙、电子报纸等，很好地弥补了传统纸质图书阅读的不足，满足了网络时代读者的阅读需求。

（2）读书认证机制

国外有些高校图书馆有专门的读书认证机制，学生需要完成基本阅读数量或者参加足够的读书活动并通过评价考试才能毕业。为了保证毕业阅读认证的顺利实施，还配备了专门的阅读推广机构，对毕业阅读认证进行运作。例如，韩国江原大学的学生如果选择读书认证，则需要完成规定的基本阅读数量或阅读活动，同时江原大学有专门的毕业资格读书认证运营委员会，负责出台相关政策、推荐图书、举办活动、开展考试和宣传等。

三、高校图书馆阅读推广策略

目前，大数据环境下的高校图书馆阅读推广活动不应该仅仅限于图书馆主导。除了图书馆本身，其他的利益相关者包括资源商、兄弟部门等也都是阅读推广的受益者。因此，高校图书馆在开展阅读推广时，应该与利益相关者进行合作，或者直接由高校图书馆的利益相关者牵头开展一系列阅读推广活动。

1. 直接相关层阅读推广活动

（1）读者开展的阅读推广活动

读者是高校图书馆开展阅读推广的实施对象，读者需要在所有阅读推广活动中承担受众的角色，除此之外，读者也可以发挥自身能动性，主动参与阅读推广相关活动。读者可以在各类阅读推广活动中承担志愿者的角色，利用目前的大数据环境，在各个平台上积极参与阅读推广的活动；也可以帮助进行口碑影响，在读者之间宣传阅读推广。图书馆还应该鼓励用户自创阅读推广活动，发挥用户的聪明才智为用户提供展示自己的平台。

（2）图书馆员工开展的阅读推广活动

图书馆员工是高校阅读推广的主体，在保持现有的、常规的阅读推广活动外，高校图书馆员工应该加强交流和学习，开展更加丰富多彩的阅读推广活动。其主要措施可以分为硬件和软件两个方面：硬件方面，高校图书馆员工应该为图书馆用户提供良好的阅读环境，包括富有文化气息的桌椅书架、先进便捷的阅读设备、温馨的装修装饰等；软件方面，高校图书馆员工应广泛开展各种阅读推广活动，如针对特定的节假日开展主题阅读活动，在端午节举行屈原作品品鉴会、国庆节举行爱国作品茶话会等。

（3）资源商开展的阅读推广活动

高校图书馆的资源商可以对图书馆阅读推广活动给予一定的资金支持，为其他活动提供奖品等。资源商也可以作为活动的主办者，开展一些阅读推广活动。例如，超星等电子资源提供商可以开展读书大赛，鼓励高校大学生阅读电子书，并根据大学生阅读的数量进行评比和奖励；CNKI可以根据其收集的用户使用大数据进行用户行为分析，从而为用户推送具有针对性的资料；新华书店等纸质书商可以在校园里开展签售会、读后感征文比赛等，鼓励大学生阅读。

2. 兄弟伙伴层阅读推广活动

（1）高校其他部门开展的阅读推广活动

高校里的其他部门包括各院系、各职能部门等，这些部门除了可以帮助图书馆协办阅读推广活动外，还可以主办一些阅读推广活动。例如，团委可以结合文化活动打造阅读推广品牌活动，让全校师生感受到丰富的书香文化；院系可以举办某一学科的图书阅读月，在这一个月大力推荐该学科名著，帮助学生提高专业素养。

（2）其他图书馆开展的阅读推广活动

其他图书馆包括其他院校图书馆、公共图书馆、各种机构图书馆等，其他图书馆在高校开展阅读推广活动，可以提高该图书馆的图书利用率和该机构的知名度。例如，公共图书馆可以针对高校师生无押金办理借书卡，鼓励高校师生到公共图书馆进行阅读和使用，这样可以帮助高校图书馆补充资源的不足，也使得公共图书馆发挥更大作用。

3. 资助层阅读推广活动

资助层除了在图书馆开展阅读推广活动方面进行资助之外，还可以开展以资助方命名的阅读推广活动。例如，一些知名人士为高校师生免费发放资助者的传记，鼓励高校图书馆用户学习名人精神和力量，同时也可以提高资助方的知名度。

4. 其他层阅读推广活动

其他层包括媒体、社区等各种与高校图书馆有关的群体，这些群体既是高校图书馆的利益相关者，又是高校图书馆阅读推广的参与者和受益者。媒体可以利用高校图书馆阅读推广活动开展宣传，也可以在高校图书馆用户中推广自己的媒体产品。社区可以与高校图书馆结合，倡导社区居民与高校师生一起共享阅读，也可以邀请高校图书馆员工、用户参与到社区图书馆建设和文化氛围塑造中，打造学习型、阅读型社区。

阅读推广是高校图书馆的主要工作主题，阅读推广不仅仅能够为读者提供知识，也使得高校图书馆的利益相关者们从中受益。在阅读缺失的年代，高校图书馆的利益相关者们，应该站在共赢的视角上，转变传统的观念，积极共同努力，引导高校图书馆用户开展阅读、关注阅读，打造书香校园、书香社会。

参考文献

[1] 黄如花,司莉,吴丹.图书馆学研究进展[M].武汉：武汉大学出版社,2017.

[2] 中国社会科学情报学会.图书馆、情报与文献学研究的新视野（7）：中国社会科学情报学会2013年学术年会论文集[M].北京：中国书籍出版社,2014.

[3] 霍瑞娟,刘锦山.基层图书馆建设与服务创新[M].北京：国家图书馆出版社,2016.

[4] 钱静雅.我国现代图书馆管理理论与实践研究[M].北京：中国水利水电出版社,2017.

[5] 阮光册,杨飞.公共图书馆管理与服务[M].上海：上海科学技术文献出版社,2015.

[6] 范并思.图书馆资源公平利用[M].北京：国家图书馆出版社,2011.

[7] 沈学植.图书馆学ABC[M].北京：知识产权出版社,2017.

[8] 刘芳.图书馆学会职能的拓展与延伸[M].沈阳：辽宁科学技术出版社,2015.

[9] 徐娅囡.新形势下高校图书馆的发展与创新研究[M].北京：中国纺织出版社,2018.

[10] 王惠君.基层图书馆公益讲座[M].北京：国家图书馆出版社,2011.

[11] 叶继元.图书馆学学术规范与方法论研究[M].北京：科学技术出版社,2014.

[12] 何秀荣.高校图书馆创新发展研究[M].北京：中国农业大学出版社,2018.

[13] 柯平.图书馆战略规划研究[M].北京：社会科学文献出版社,2014.

[14] 盛小平.图书馆职业发展与制度建设[M].北京：科学出版社,2016.

[15] 李华,史新伟,李迪.高校图书馆信息资源建设与学科服务研究[M].北京：中国纺织出版社,2018.

[16] 郑建明.数字图书馆建设体制与发展模式[M].北京：科学出版社,2013.

[17] 李健.高校图书馆服务标准体系研究[M].北京：科学出版社,2017.

[18] 张浩如.图书馆营销研究[M].北京：国家图书馆出版社,2017.

[19] 王波.图书馆学及其左邻右舍[M].北京：海洋出版社,2014.

[20] 朱明.图书馆管理制度与制度化管理[M].北京：中国社会科学出版社,2018.

[21] 龚娅君.数字图书馆新媒体服务研究[M].北京：国家图书馆出版社,2016.

[22] 张成昱，张蓓，远红亮，等. 移动数字图书馆：和知识一起运动 [M]. 北京：清华大学出版社，2017.

[23] 杨新涯. 图书馆服务共享 [M]. 北京：知识产权出版社，2016.

[24] 程娟. 图书馆核心竞争力研究 [M]. 北京：国家图书馆出版社，2016.

[25] 张伟，刘锦山. 公共图书馆转型与内涵发展 [M]. 北京：国家图书馆出版社，2017.